Einfamilienhäuser

Christoph Gunßer

Einfamilienhäuser

Deutsche Verlags-Anstalt, Stuttgart

Motive des Schutzumschlags:
– Wohnhaus in Tutzing
(Architekt und Fotograf Matthias Sieveke, München)
– Wohnhaus im Maintal
(Fotografin Waltraud Krase, Frankfurt/Main)
– Wohnhaus in Berglen
(Fotograf Kai Loges, Stuttgart)

Die Deutsche Bibliothek – CIP-Einheitsaufnahme

Gunßer, Christoph:
Einfamilienhäuser / Christoph Gunßer. -
Stuttgart : Deutsche Verlags-Anstalt, 1997
ISBN 3-421-03151-7

Umschlagentwurf: Brigitte und Hans Peter Willberg, Eppstein
Lektorat: Andrea Bartelt
Typografische Gestaltung: Brigitte Müller
Reproduktionen: Fotosatz Sauter GmbH, Donzdorf
Druck- und Bindearbeit: Jütte Druck GmbH, Leipzig
Printed in Germany

ISBN 3-421-03151-7

Inhalt

Besondere Kennzeichen: frei, stehend

Notizen zum Thema »Einfamilienhaus«

Jede Epoche der Architekturgeschichte hat ihre Bauaufgaben, die für sie besonders repräsentativ sind: Im Barock waren es zum Beispiel Paläste, im Klassizismus Museen und in den zwanziger Jahren Siedlungen, in denen sich der »Zeitgeist« am reinsten verkörperte. Das war schon den Zeitgenossen damals klar, und es leuchtet auch in der Rückschau noch ein.

Schwieriger ist es sicherlich, für heute eine solche Wahl zu treffen. Zu widersprüchlich und schnelllebig scheinen gegenwärtig die Entwicklungen auf dem Bausektor: Der Boom bei Bürobauten wird gefolgt vom Neubau ganzer Stadtteile, große Infrastrukturprojekte mit spektakulären neuen Bahnhöfen und Flughäfen machen von sich reden.

Zum »Leitfossil« der Dekade wird jedoch einmal – so meine These – das freistehende Einfamilienhaus erkoren werden. Ich will das zunächst mit einem Zeitsprung begründen, in dem Parallelen zu entdecken nicht schwerfallen dürfte.

Vor rund einhundert Jahren, Ende des 19. Jahrhunderts, war die Industrialisierung in Deutschland so weit fortgeschritten, daß die Lebensbedingungen in den Städten immer häufiger unerträglich wurden. Das wohlhabende Bürgertum, das seinen Reichtum direkt oder indirekt aus eben dieser Industrialisierung schöpfte, entzog sich mehr und mehr den daraus resultierenden hygienischen Mißständen (heute würde man es »ökologische Folgen« nennen), indem es der Stadt den Rücken kehrte. An die Stelle vornehmer Etagenwohnungen tritt seit den 1870er Jahren die Villa am Stadtrand. Die räumliche Trennung von Privat- und Berufsleben verschärft sich. Walter Benjamin kommentiert: »Der Privatmann, der im Kontor der Realität Rechnung trägt, verlangt vom Interieur, in seinen Illusionen unterhalten zu werden. Diese Notwendigkeit ist um so dringlicher, als er seine geschäftlichen Überlegungen nicht zu gesellschaftlichen zu erweitern gedenkt. In der Gestaltung seiner privaten Umwelt verdrängt er beide. Dem entspringen die Phantasmagorien des Interieurs. Es stellt für den Privatmann das Universum dar. In ihm versammelt er die Ferne und die Vergangenheit. Sein Salon ist die Loge im Welttheater.«(1)

Die Architektur dieser Häuser erfährt nun um die Jahrhundertwende eine bemerkenswerte Wandlung. Die Abkehr vom »Gipszeitalter«, die für die moderne Architektur so fundamentale »Echtheit« und »Ehrlichkeit« gelingt zuerst im Wohnhausbau. Auf die architektonische Reform im Jugendstil eingehend, fährt Benjamin fort: »Die Erschütterung des Interieurs vollzieht sich um die Jahrhundertwende im Jugendstil. Allerdings scheint er, seiner Idelogie nach, die Vollendung des Interieurs mit sich zu bringen. Die Verklärung der einsamen Seele erscheint als sein Ziel. Der Individualismus ist seine Theorie. Bei van de Velde erscheint das Haus als Ausdruck der Persönlichkeit. Das Ornament ist diesem Hause, was dem Gemälde die Signatur.«

Tatsächlich formulierte van de Velde 1895: »Zu keiner Zeit noch war der Wunsch des Menschen nach Selbsterkenntnis so stark, und der Ort, an dem er seine Individualität am besten ausleben und verklären kann, ist das Haus, das dann ein jeder... nach seinem Willen und nach seinem Herzen sich bauen wird.«

Nicht nur in der Psychologie fand sich die ersehnte »Echtheit«, auch in der vorindustriellen Tradition: Bauernhäuser, Scheunen, Pavillons – »anonyme« Bauten lieferten der neuen Architektur scheinbar zeitlose, selbstverständliche Vorbilder. Wie in kulturellen Dingen üblich, erreichte die Reformarchitektur bald auch die weniger begüterten Schichten, und in der Gartenstadtbewegung fanden die Architekten des neuen Hauses ein weites Betätigungsfeld.

Um die Brücke zum Heute zu schlagen, genügen wohl Stichworte wie »Cocooning« und »neue Einfachheit«. Rückzug und Rückgriff sind in vollem Gange. Es würde zu weit führen, über veränderte Lebensgewohnheiten, eine Ablösung zweier Generationen oder die dank Elektronik möglich werdende Einheit von Wohnen und Arbeiten zu spekulieren. Die achtziger, die »fetten Jahre«, deren effekt-heischende Architektur noch rascher verblaßt ist als die der Gründerzeit, haben offenbar genug Reichtum hinterlassen (beziehungsweise verlagert), um im breiten Mittelstand einen regelrechten Hausbau-Boom auszulösen –, und eine rapide wachsende Schar an Bausparern vor allem in den neuen Bundesländern strebt eifrig hinterher.

An dieser Hausbaukonjunktur ist nun – wie vor hundert Jahren – bemerkenswert, daß sie architektonisch oft ausgesprochen sachliche, klare Ergebnisse zeitigt. Fast scheint es, als sei es (wieder) unanständig geworden, den eigenen Reichtum offen zur Schau zu stellen.

Ob nun neue Moral oder engere Budgets die Ursache sind, in der zeitgenössischen Wohnhausarchitektur gibt es genügend ästhetisch wie handwerklich gelungene Beispiele, um ohne Not ein Buch zu füllen. Das ist auf Anregung der Deutschen Verlags-Anstalt geschehen. Dort danke ich insbesondere Frau Andrea Bartelt für das Lektorat und Frau Brigitte Müller für die grafische Gestaltung. Gedankt sei auch allen Architekten und Architekturfotografen, die mir uneigennützig Hinweise auf Bauten gaben oder diese rasch und ohne nennenswerte Honorierung dokumentierten.

Stuttgart, im September 1997 Christoph Gunßer

(1) Benjamin, Walter: Paris, die Hauptstadt des 19. Jahrhunderts. In: Allegorien kultureller Erfahrung. Ausgewählte Schriften 1920–1930. Leipzig 1984, S. 443f.

Wohnhaus in Horn/Bodensee

Architektin: Angelika Blüml, Radolfzell

Eine vierköpfige Familie konnte in der Bodenseegemeinde ein Grundstück erwerben und wollte darauf ein preisgünstiges Einfamilienhaus bauen. Sie wünschte sich großzügige, offene und helle Räume mit schönen Ausblicken. Für die einzelnen Familienmitglieder sollte es Rückzugsbereiche zum Spielen und Schlafen geben.

Das Grundstück liegt an einem Nordhang mit Ausblick auf den Untersee. So waren bei der Planung zwei Hauptrichtungen zu beachten: Der Wohnraum sollte Sonne bekommen und zugleich einen Ausblick nach Norden haben.

Die Stahlkonstruktion ermöglicht die großzügige Öffnung der Südwestfassade

Für eine durch die Lage an der Straße vorgegebene Süderschließung eignete sich am besten ein großer Allraum als Eingangsbereich mit Eßplatz und einer kleinen Terrasse zur Straße, die durch Bepflanzung abgeschirmt wird. Von hier blickt man direkt auf den höher gelegenen Wohnbereich (»split level«-Bauweise) und erreicht über eine Treppe das zwei Meter tiefer liegende Souterrain mit zwei Einzelräumen und Terrassen im Nordgarten.

Vom Wohnbereich mit einem kleinen Balkon in Richtung See gelangt man über eine weitere Treppe auf die Galerie mit einem Arbeitsplatz. Von dort aus betritt man das - wiederum zweigeschossige - »Schlafzimmer« oder gelangt über eine kleine Treppenleiter ins »Vogelnest«, das einen (unverbaubaren) Rundumblick durch die große Scheibe der »Sonnenfalle« nach Südwesten auf den Schiener Berg und durch das Fensterband im Pultversatz nach Nordosten auf den Untersee ermöglicht.

Durch die »split level«-Bauweise wurde eine genaue Anpassung an den Hang erreicht; jedem Innenraum im Erdgeschoß ist somit direkt der Außenraum auf gleicher Ebene zugeordnet.

Es wurde eine preisgünstige Stahlskelettkonstruktion mit Betondecken und Kalksandsteinausfachung gewählt. Der »bewohnbare Rohbau« wurde (und wird) von den Bauherren schrittweise selbst nach dem Innenraumentwurf von Birgit Thorn-Burkel ausgebaut: Treppen, Innenverkleidungen, Abtrennung der Zimmer mit Gipskartonwänden, einfache Holzdielenböden . . .

Für die hochwertig gedämmte Fassadenhaut wurden Holzfensterelemente mit üblichen Querschnitten und als Verschalung ungehobelte, naturbelassene Fichtenbretter auf hinterlüfteter Unterkonstruktion verwendet.

Das minimierte Stahlskelett aus HEB 140 (passend für eine Ausfachung mit 11,5 cm Kalksandstein) wird in Hangrichtung durch die vier Rahmen mit dem zweifachen Pultdachversatz ausgesteift, um maximale Transparenz im Innenraum zu erzielen, die nicht durch aussteifende Scheiben, Kreuze etc. behindert wird. Die Steifigkeit der Rahmenecken wurde durch Kopfplattenanschlüsse mit HV-Verbindungen erreicht.

Die Aussteifung parallel zum Hang wird durch Auskreuzungen in den beiden mittleren Achsen in jedem Feld bis zur obersten Pult-Dachscheibe gebildet. Diese Auskreuzungen sind teilweise hinter der Verglasung sichtbar.

Um den transparenten Raumeindruck weiter zu steigern, sollten keine Balkenlagen oder Träger mit ihrer vollen Abwicklung sichtbar sein; die Bestandteile des Skeletts zeichnen sich nur durch die Flanschflächen der Stahlträger und -stützen ab.

Auch die Stahlbetondecken mit einer Dicke von 14 cm konnten durch die relativ geringe Spannweite als vierseitig gespannte Platten wie eine Ausfachung bündig in die Träger des Stahlskeletts eingelassen werden, so daß die Trägerflansche wieder als »Kraftlinie« in Erscheinung treten und nicht als räumliches Element.

Die »Fassadenhaut«, die sich über alles spannt, vermeidet Kältebrücken an der Stahlkonstruktion; die abgehängte Konstruktion des kleinen Balkons konnte thermisch entkoppelt werden.

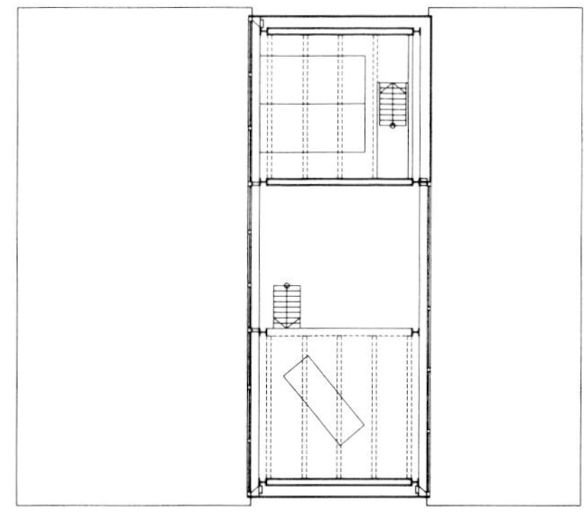

Galerie, Balkenlage

Nordostansichten

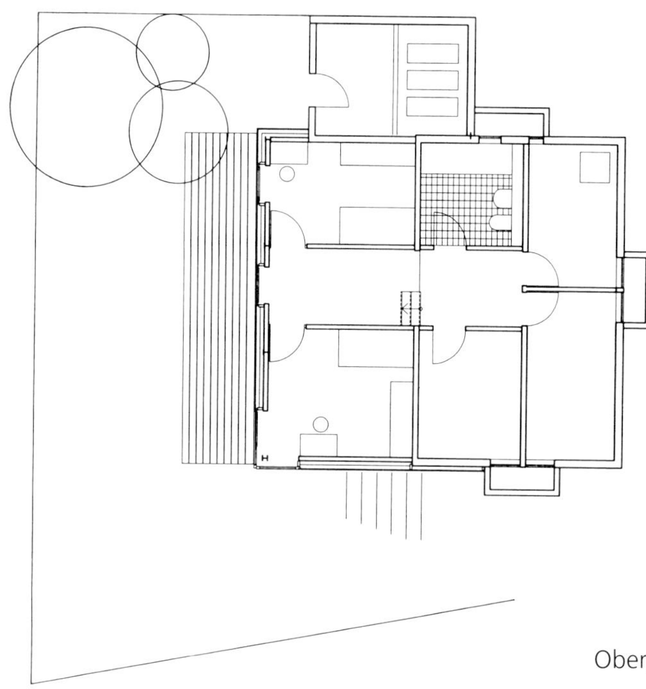

Obergeschoß

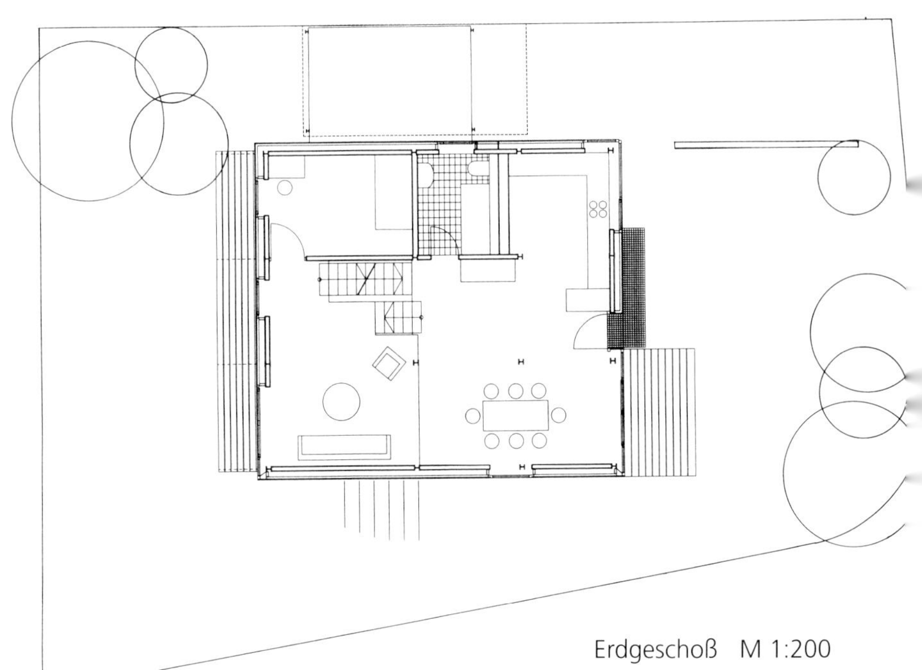

Erdgeschoß M 1:200

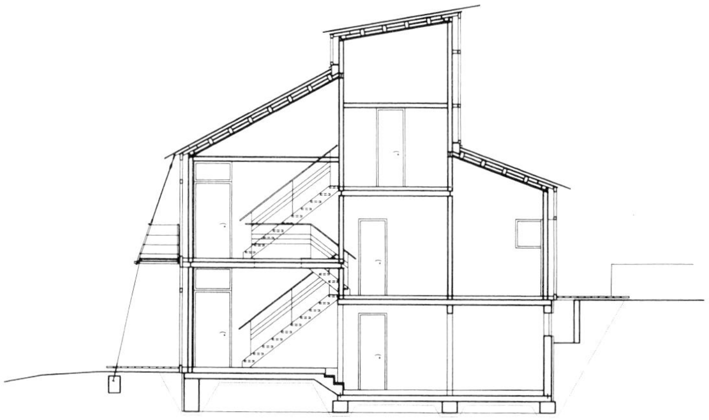

Querschnitt

Südwestfassade

Blick auf die Galerie

Eckfenster in der Küche

Bauherr: Familie Thorn-Burkel
Tragwerksplanung: Stefan Zimmermann, Wendlingen
Innenraumgestaltung: Birgit Thorn-Burkel, Gaienhofen-Horn
Fertigstellung: 1995

Wohnhaus mit Studio in Essen

Architekt: Jürgen Reichardt, Essen

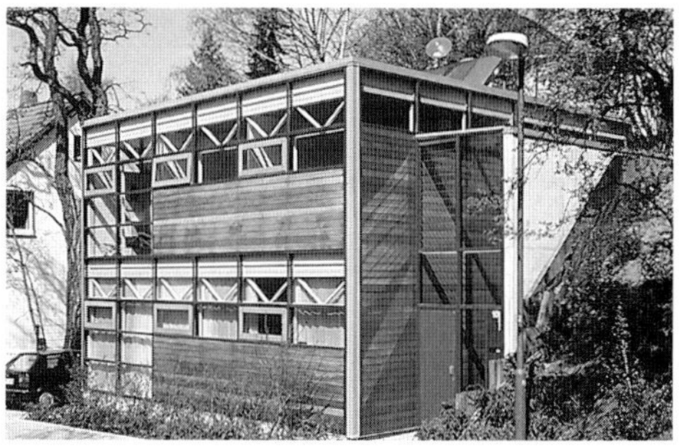

Berg- und Talseite

Ziel war eine Hangbebauung zur Verbesserung der Situation. Natürliche Vegetation, Topographie und Bauwerk sollten durch folgende Schritte zusammenwirken: Durch ein auf die topographischen Besonderheiten des Grundstücks eingehendes Bebauungskonzept sollte der »grüne Charakter« des Grundstücks beibehalten werden. Durch eine in etwa der Hangerosion folgende Stützmauer sollte die Erosion des Hangs zur Ruhe kommen, freiliegendes Wurzelwerk des großkronigen Baumes wieder solidiert werden. Versiegelte Flächen wurden durch die kompakte Bauweise weitestgehend minimiert, die Dachfläche des Hauses wurde als natürliche Retentionsfläche begrünt. Sonstige befestigte Flächen wurden mit Lochsteinen versickerungsfähig ausgeführt. Regenwasser wird durch eine Zisterne gesammelt und als Regenwasserkreislauf dem Haus zugeführt.

Das Wohnhaus mit Studio folgt in Grundriß und Schnitt der Hangtopographie des stark abschüssigen Grundstücks. Durch die in den Hang entwickelte Bauform erscheint das Haus nach Norden nur als »fünfte Fassade« einer begrünten Dachebene. Die Dachfläche des kleinen, eingeschossigen Studioanbaus ist gleichzeitig Atrium des darüberliegenden Wohnbereichs, weitere Versiegelung durch Anlage von befestigten Flächen wurde vermieden. Bewuchs und Topographie des Hanggrundstücks wurden weitestgehend in der ursprünglichen Form erhalten.

Die energetische Optimierung des Baukörpers (3D-Simulation: Solargewinne, Speichermassen etc.) führte zur Würfelform. Die zweigeschossige, komplett vorgefertigte und auf der Baustelle verschraubte Stahlskelettkonstruktion wird von industriellen Stahlverbunddecken mit im Innenraum sichtbar belassenen verzinkten Holoribblechen überdeckt.

Zur Hangseite entstand eine etwa 6 m hohe Sichtbetonwand, die wie der gemauerte »dienende« Kern des Hauses als Speichermasse herangezogen wird. Großflächige Verglasungen (etwa 150 m^2) zur umgebenden Natur lassen wahrnehmen, was diese bietet: Jahreszeiten, Wetter und Tiere und vor allem Licht sind die Akteure dieses Schauspiels. Elementierte, hochwärmegedämmte Holzständerwände mit der natürlichen Verwitterung überlassenen Brettern bilden die geschlossenen Hüllflächen des Hauses. Vier Meter große Schiebewände erlauben Raumfluß je nach Bedarf.

Nach den Ergebnissen der 3D-Simulation wurden die noch notwendigen Technikkomponenten definiert: Gasbrennwerttherme 9 kW, Niedertemperatur-Fußbodenheizung, 400-l-Heißwasserspeicher, 5 m^2 Solarkollektoren für alleinige Erwärmung des Brauchwassers von Frühjahr bis Spätherbst; Kaminofen integriert in Speichermasse des Installationskerns für Übergangszeiten; Regenwasserrückhaltung 3,5 m^3 für die Regenwassernutzung.

Lageplan

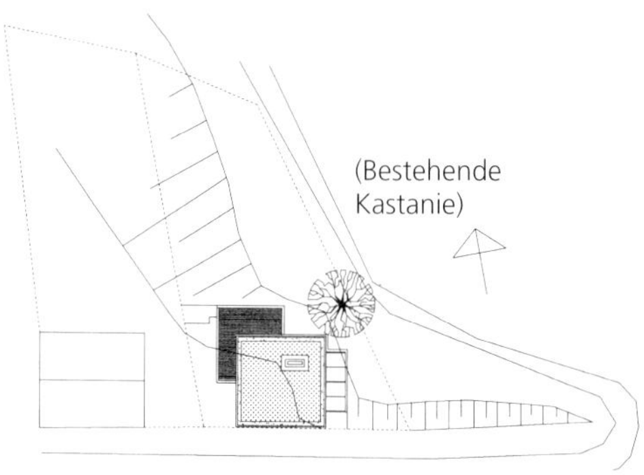

Gesamtschau

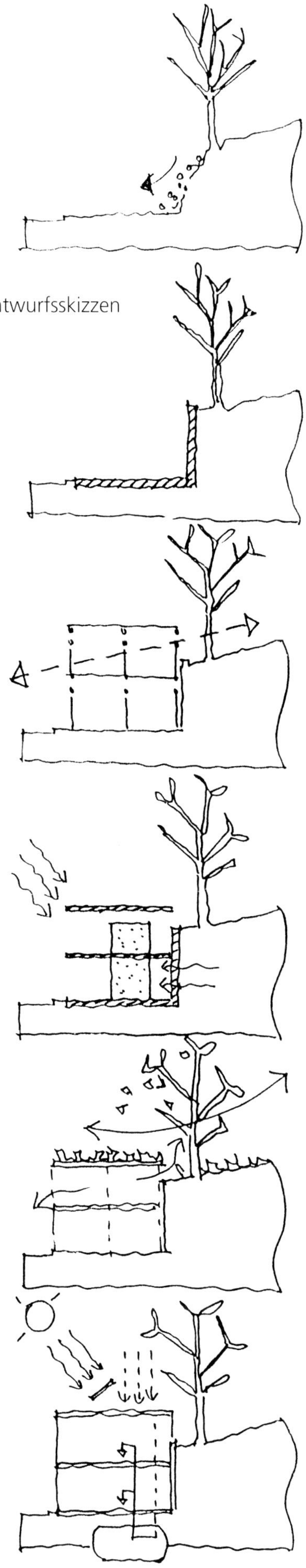

Entwurfsskizzen

Eingang

Wohnraum und Küche

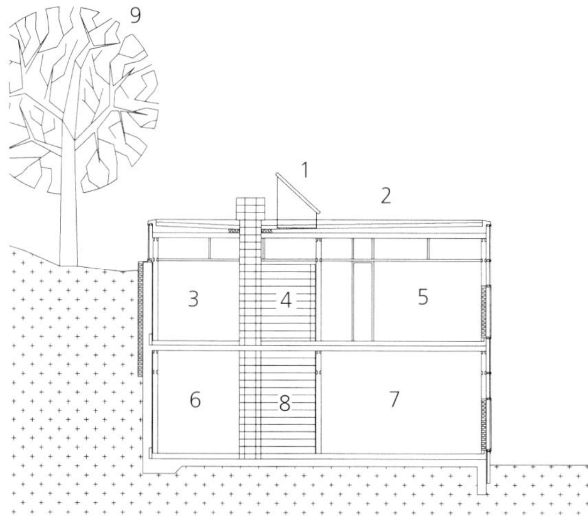

1 Solarkollektor
2 Gründach *extens*
3 Küche
4 Bad
5 Eltern
6 Abstell, Technik
7 Gast
8 Teeküche
9 Kastanie *Bestand*

Schnitt

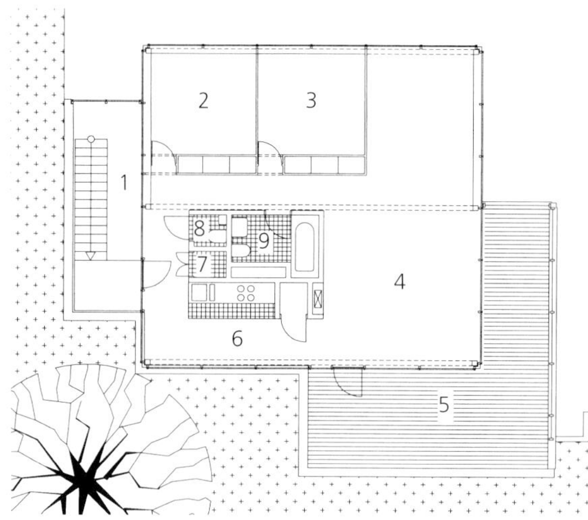

1 Treppenraum
2 Kind
3 Eltern
4 Wohnen
5 Terrasse
6 Küche
7 Garderobe
8 WC-Gäste
9 Bad

Obergeschoß

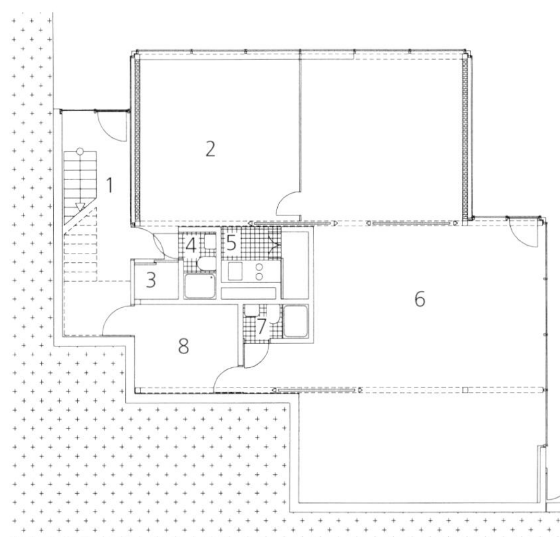

1 Treppenraum
2 Gast
3 Garderobe
4 WC
5 Teeküche
6 Studio
7 Bad
8 Abstell, Technik
9 Technik

Erdgeschoß M 1:200

Explosionszeichnung der Baukomponenten

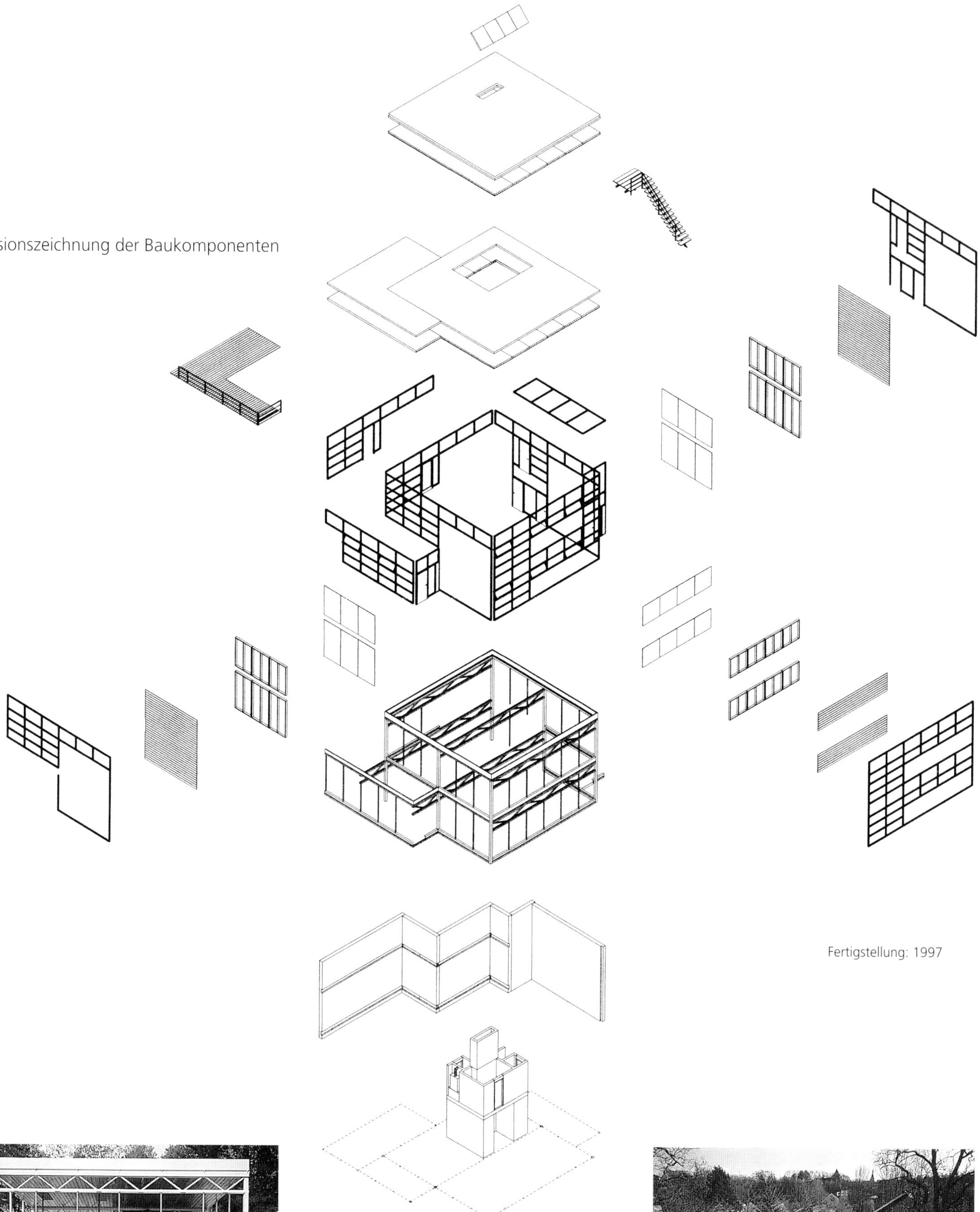

Fertigstellung: 1997

Das konstruktive Stahlgerüst (im Bau)

Wohnhaus in **Stuttgart-Hohenheim**

Architekt: Hubert Vollmer, Stuttgart

Das Grundstück liegt in Stuttgart-Birkach, an einem Osthang unweit von Schloß Hohenheim. Die nähere Umgebung wird durch Bauten der sechziger Jahre: geprägt: neungeschossige Studentenwohnheime und dreigeschossige Flachdachwohnbauten. Der für das Grundstück maßgebende Bebauungsplan läßt zwei Vollgeschosse zu.

Das kleine Grundstück und der Wunsch nach einem kleinen Garten von etwa 6 m Tiefe vor der südorientierten Fassade erforderte einen schmalen Grundriß von 5,5 m Breite und 10,5 m Länge. Indem die Hanglage ausgenützt und die Zimmer auf vier Geschosse verteilt wurden, war das Raumprogramm zu verwirklichen.

Da tragende Bauteile möglichst sichtbar bleiben sollten, fand ein Planungsraster Anwendung, was zu einfachen und klaren Grundrissen beitrug. Zur Schaffung eines großzügigen Raums im Erdgeschoß wurde hier weitgehend auf trennende Wände und auf ein separates Treppenhaus verzichtet.

Die Verstärkung von Sicht- und Gehachsen durch die Anordnung von Fernstern wirkt sich im Treppenhaus am deutlichsten aus, indem hier eine Diagonale über zwei Geschosse entsteht. Die Zimmer des Obergeschosses haben als Ergänzung große Einbauschränke unter bzw. über der jeweiligen Treppe. Das Arbeits-/Gästezimmer im Untergeschoß kann mittels eines Nebeneingangs auch unabhängig genutzt werden.

Große zusammenhängende Fensterflächen auf der Südseite stellen die Verbindung zu den vorgelagerten Balkonen und dem Außenraum her. Da die festverglasten Teile bis zum Boden reichen und Fußboden, Schwellen und Balkonbelag auf demselben Niveau liegen, ist die visuelle Trennung von außen und innen aufgehoben. Der Nachteil der besseren Einsichtigkeit wird kompensiert durch Bewuchs der vorgelagerten Ebene aus Balkonabhängern und Geländern.

Wegen der vielfältigeren Nutzbarkeit eines überdachten Autoabstellplatzes fiel es leicht, diesem vor einer Garage den Vorzug zu geben.

Die tragenden Bauteile im Untergeschoß sind die Außenwände aus Stahlbeton, gegründet auf Streifenfundamenten, sowie ein Unterzug mit Stützen auf Punktfundamenten. Alle weiteren tragenden und nichttragenden Wände und Decken (einschließlich der Decke über dem Untergeschoß) sind Holzkonstruktionen.

Da alle Treppen in derselben Achse liegen und die Deckenbalken in den Treppenöffnungen sowieso hätten ausgewechselt werden müssen, wurde in allen Geschossen in dieser Achse ein Unterzug eingeführt, an den die Deckenbalken höhengleich anschließen. Die Dachhauptträger aus BSH spannen von Außenwand zu Außenwand und kragen jeweils einen Meter aus der Ausbildung eines Dachüberstands. Darauf liegen Nebenträger, die das Dach an den Schmalseiten auskragen lassen und als Lüftersparren für die Unterlüftung des Titanzink-Doppelstehfalzdachs dienen.

Der Eingangsbereich ist aus Edelstahllochblech, Tritt- und Setzstufen der Treppen sind aus stabverleimter Buche hergestellt.

Die Anordnung der Räume folgt auch energetischen Gesichtspunkten: Auf der Nordseite liegen Nebenräume, Schrankräume, Treppen und wenige Fenster, auf der Südseite befinden sich die Haupträume und große Fensterflächen. Dies und die erhöhte Wärmedämmung machen das Gebäude selbst zum Kollektor: An sonnigen Wintertagen schaltet sich die Heizung auch bei Minustemperaturen ab.

Verschattung ist im Sommer baulich durch große Dachüberstände und Balkone gegeben und wird durch entsprechenden Bewuchs unterstützt werden. Eine weitere Regulierung erfolgt durch innenliegende Jalousien. Ursprünglich vorgesehene Schiebeläden wurden (noch) nicht ausgeführt.

Heizung und Warmwasserbereitung besorgt ein Gasbrennwertkessel. Der Speicher ist für die Nachrüstung von Sonnenkollektoren ausgelegt.

Eine Regenwasserzisterne von knapp drei Kubikmeter Inhalt versorgt Toiletten und Waschmaschinen.

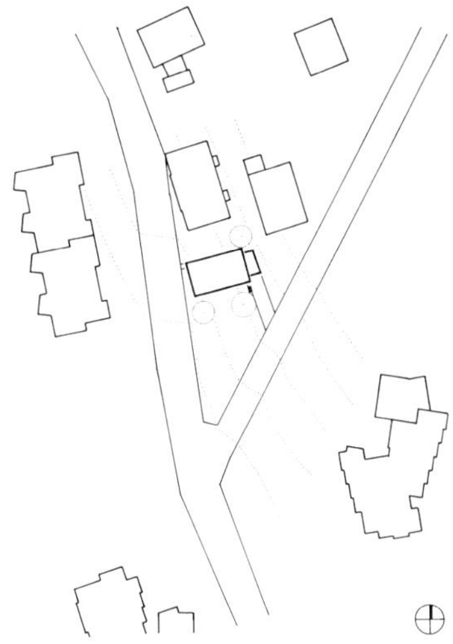

Lageplan

Blick vom Garten

Straßenansicht

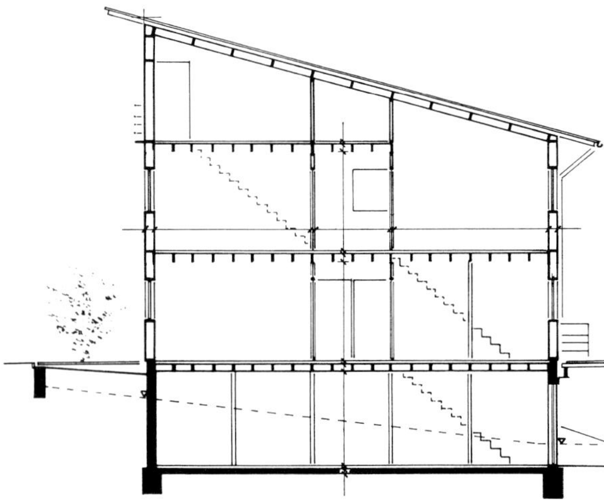

Schnitt

Zimmer im Dachgeschoß

Offenes Erdgeschoß

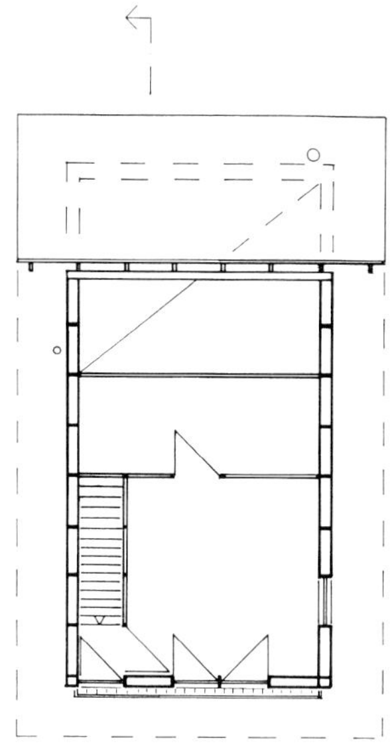

Dachgeschoß

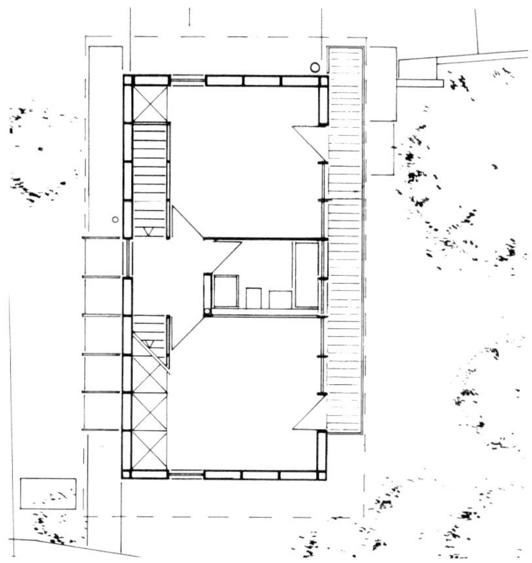

Obergeschoß

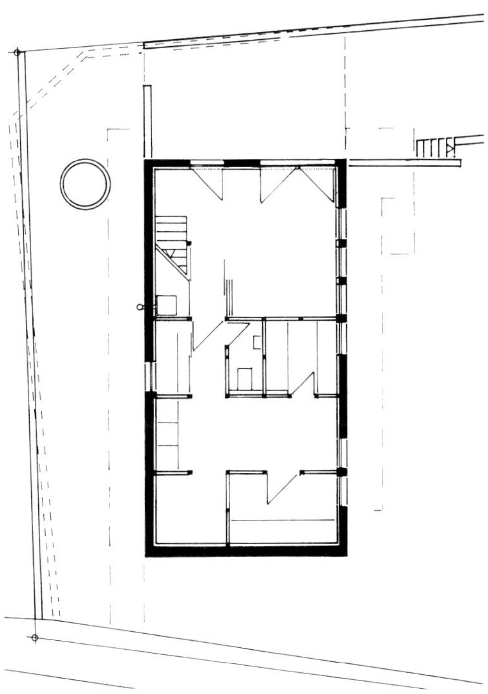

Untergeschoß

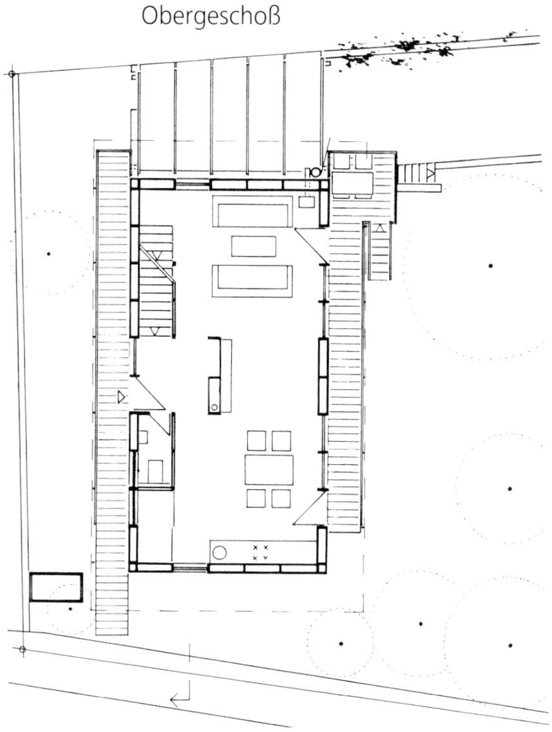

Erdgeschoß M 1:200

Schnitt M 1:100

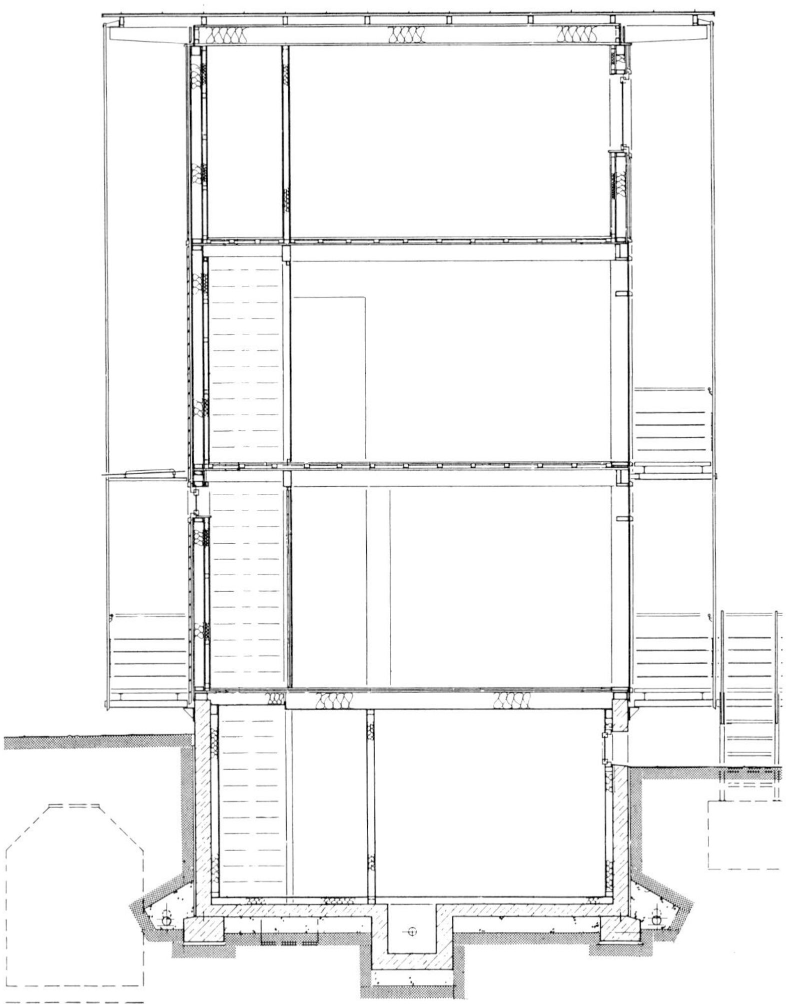

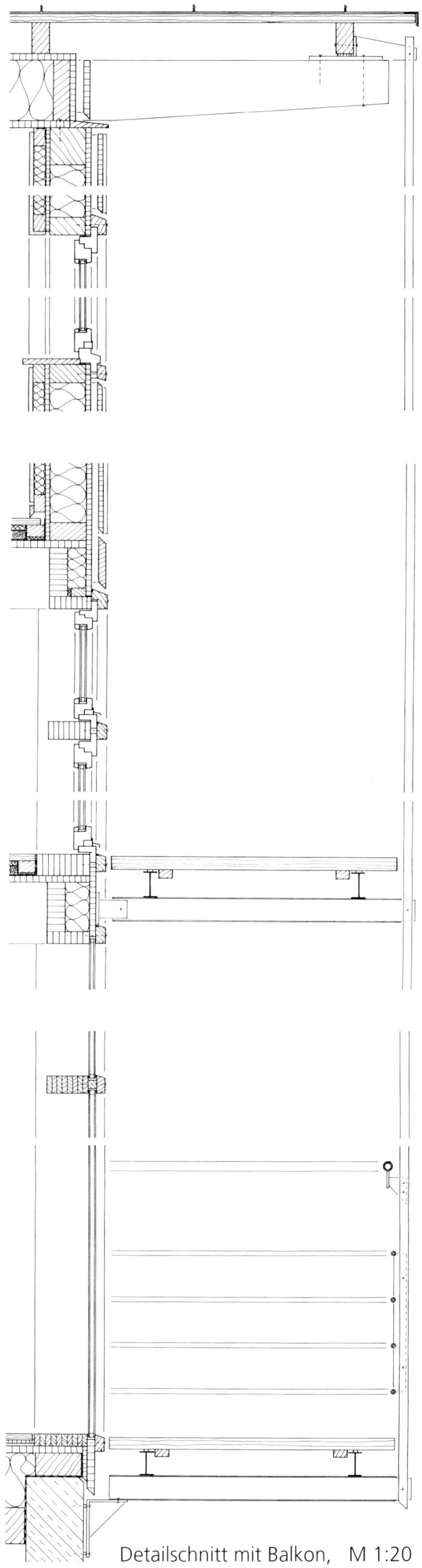

Detailschnitt mit Balkon, M 1:20

Baugemeinschaft: Roswitha Efinger und Hubert Vollmer
Tragwerksingenieure: Furche & Zimmermann, Wendlingen; Markus Wacker
Fertigstellung: 1996

Wohnhaus in Lauchringen

Architekt: Uli Rüb, Stuttgart

Das längliche, zweigeschossige Gebäude wurde in Holzskelettbauweise errichtet. Es befindet sich im innerörtlichen Bereich. Dieser ist geprägt durch lockere Bebauung mit großzügigen Garten- und Freiflächen.

Durch Herausdrehen des Gebäudes ergibt sich eine Vorplatzsituation mit Carport und Grünbereich. Der freistehende Carport und eine Pergola verzahnen Haus und Grund. Beide sind in gleicher Konstruktion (Holz/Stahl) ausgeführt und korrespondieren mit dem Raster des Gebäudes. Die Orthogonalität der Baukörper orientiert sich dabei an der im Osten verlaufenden Baugrenze.

Das Raster der Stützenstellung gliedert die Fassade und teilt die horizontale Stülpschalung der eher geschlossenen Straßenseite und die beiden Giebel in regelmäßige Felder. Die Südwestfassade ist durch Fensterelemente zum Garten hin geöffnet.

Das Gebäude ist nicht unterkellert und lagert auf Einzelfundamenten. Seine Leichtigkeit wird durch die an- oder abgehängten stählernen Balkone betont. Das lange flachgeneigte Satteldach mit abgesetzten Vordächern über den Balkonen bietet mit seinen großen Dachüberständen der Holzkonstruktion Schutz.

Die Nebenräume sind zur Straße hin angeordnet, während die Wohnräume sich zum Garten orientieren. Durch Schiebetüren sind flexible Raumbeziehungen möglich. Von jedem Wohn- und Schlafraum führen Türen ins Freie (Balkon, Freisitz).

Die Erschließung der beiden Geschosse erfolgt über eine Stahltreppe. Dieser Bereich, in dem sich auch der Eingang befindet, zeichnet sich durch eine großzügige Verglasung in der Fassade ab.

Das Gebäude ist mit einer Gaszentralheizung (Brennwert) ausgestattet, deren Heizkörper an den längslaufenden Innenwänden liegen. Durch seine hochgedämmten Außenwandbauteile und die Wärmeschutzverglasung hat dieses Gebäude Niedrigenergiehaus-Qualität.

Lageplan

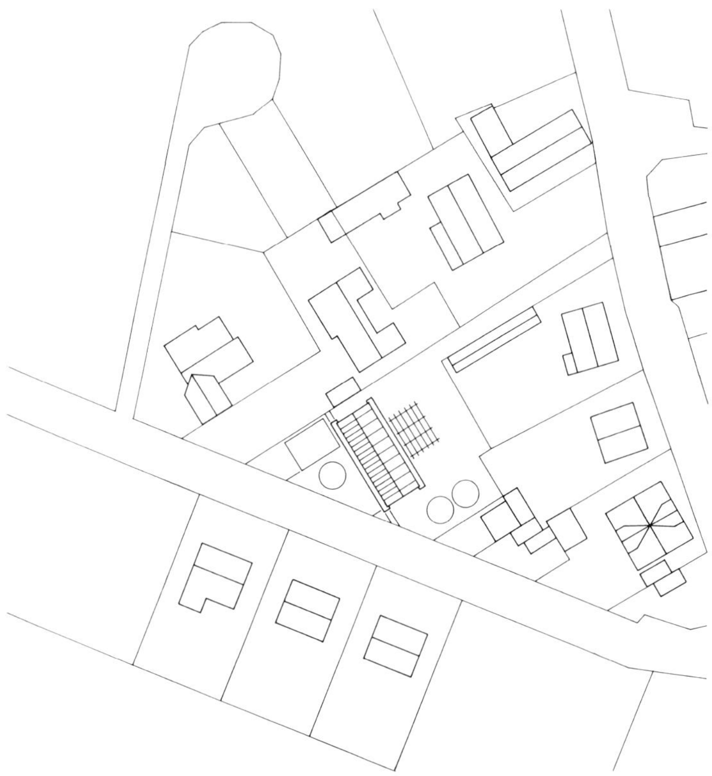

Straßenansicht

Garten und
Umganganansichten

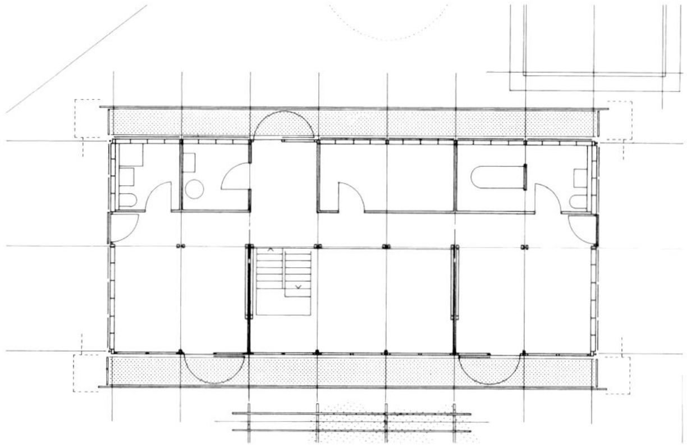

Obergeschoß

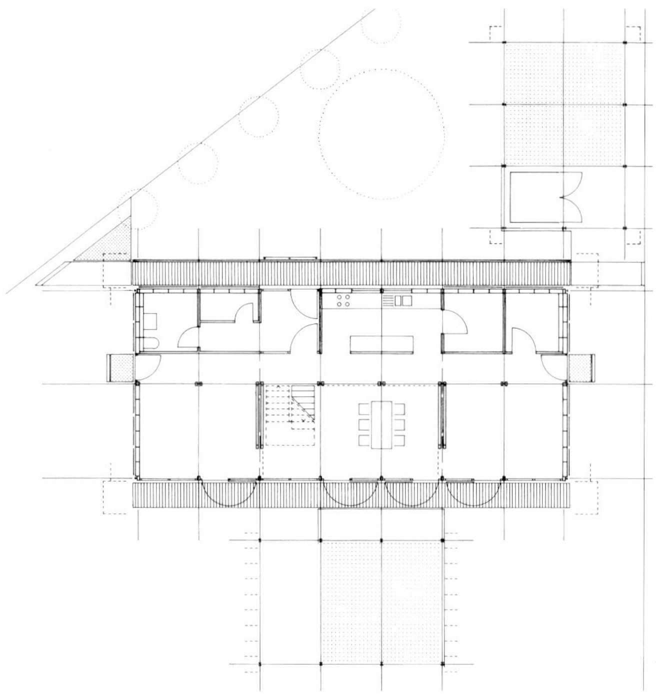

Erdgeschoß   M 1:300

Schnitt   M 1:200

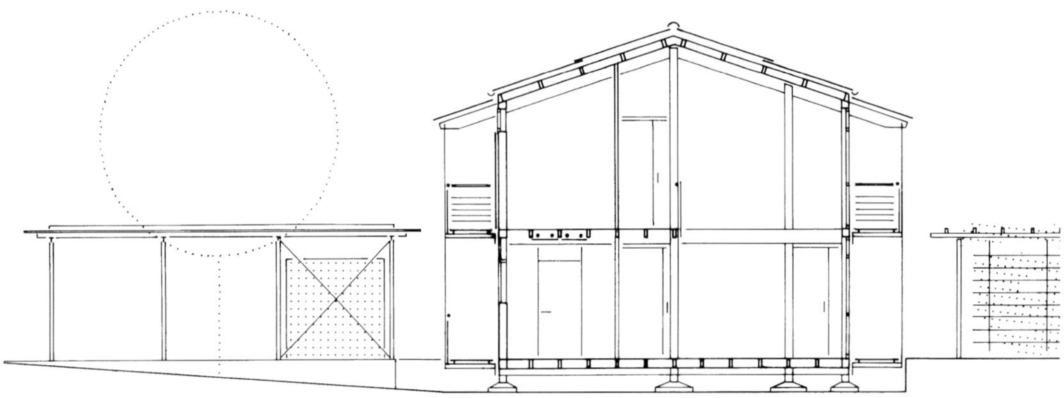

Räume im Obergeschoß

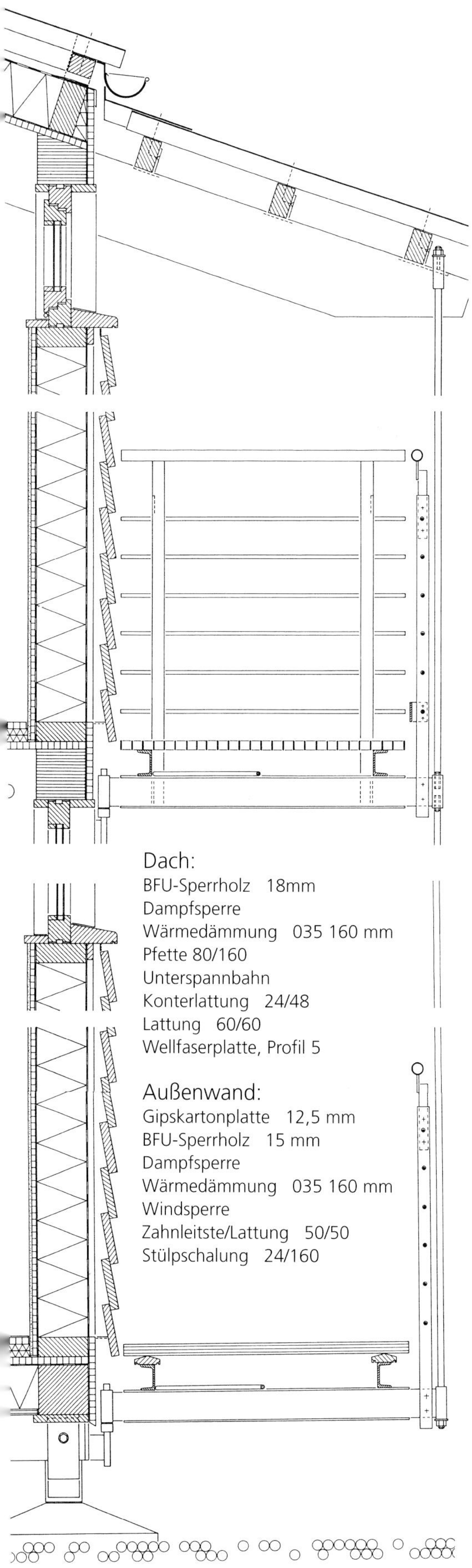

Sitzplätze im und am Haus

Bauherrin: Paula Rüb, Lauchringen
Tragwerksplanung: Alexander Furche, Wendlingen
Fertigstellung: 1994
Wohnfläche: 185 m²
Baukosten: 2 135 DM/m²

Wohnhaus im Alpenvorland

Architekten: Fink + Jocher, München

Das zweigeschossige, unterkellerte Gebäude wurde als Niedrigenergiehaus mit einem hohen Anteil naturnaher Baustoffe geplant und bereits nach einer Bauzeit von neun Monaten bezogen. Der Anteil der transparenten Hüllflächen ist aus energetischen Gründen auf der Nordseite auf ein Minimum reduziert. Zur Vermeidung von Temperaturspitzen sind die großflächigen Verglasungen auf der Südseite mit Schiebeläden ausgestattet.

Bei der Konstruktion wurde das Prinzip des Holzrahmenbaus modifiziert. Anstelle des üblichen geschoßweisen Abbundes wurden gebäudehohe Elemente mit durchgehendem Holzstiel verwendet. Anders als im konventionellen Holzrahmenbau liegt die aussteifende Sperrholzplatte rauminnenseitig. Die Wand ist zweischalig aufgebaut. Die innere Schale dient nicht nur als Installationsebene, sondern überträgt die Deckenlast, so daß die Decke nicht mehr in die Wand eingreift. So wird die Dampfbremse beziehungsweise Windsperre nicht verletzt. Der gesamte Wandaufbau ist einschließlich der zweiten Schale mit 22 cm Zellulosefaser gedämmt. Die Gefahr der geschoßweisen Schallübertragung wurde durch eine zweischalige Ausführung vermindert. Die Deckenlage ist als handwerklich gefertigte Brettstapeldecke ausgeführt.

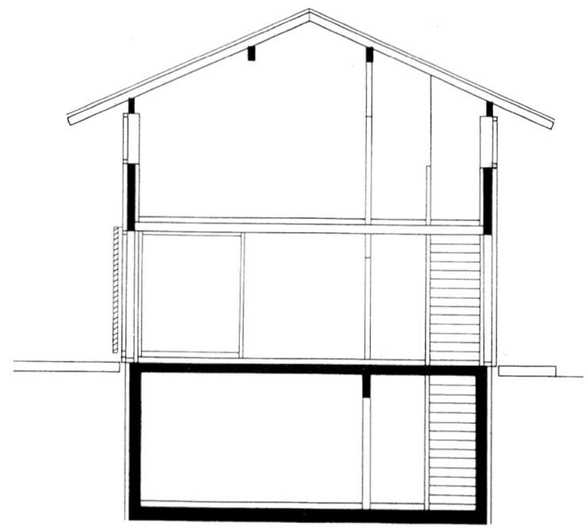

Schnitt

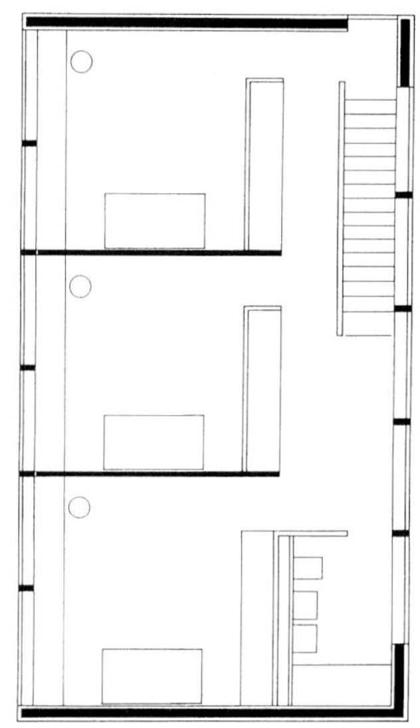

Obergeschoß

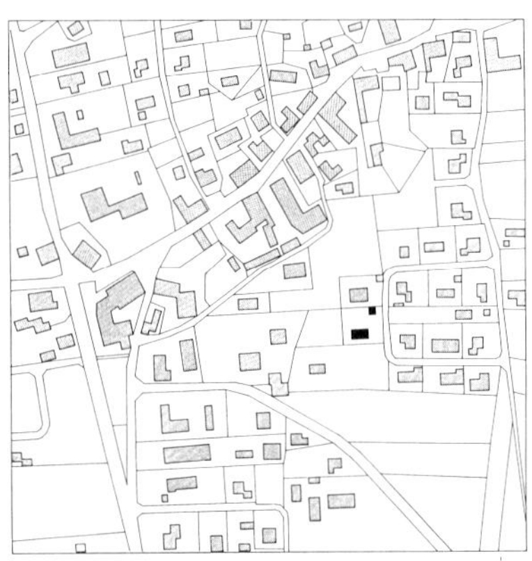

Lageplan

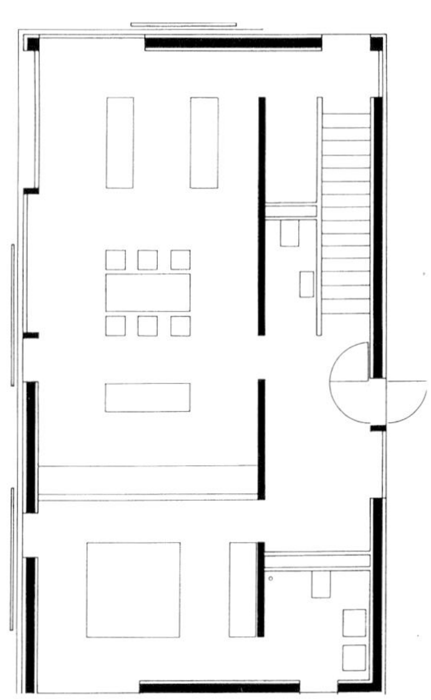

Erdgeschoß M 1:200

Ansicht Südseite

Giebelfront mit offenem und geschlossenen Schiebeladen

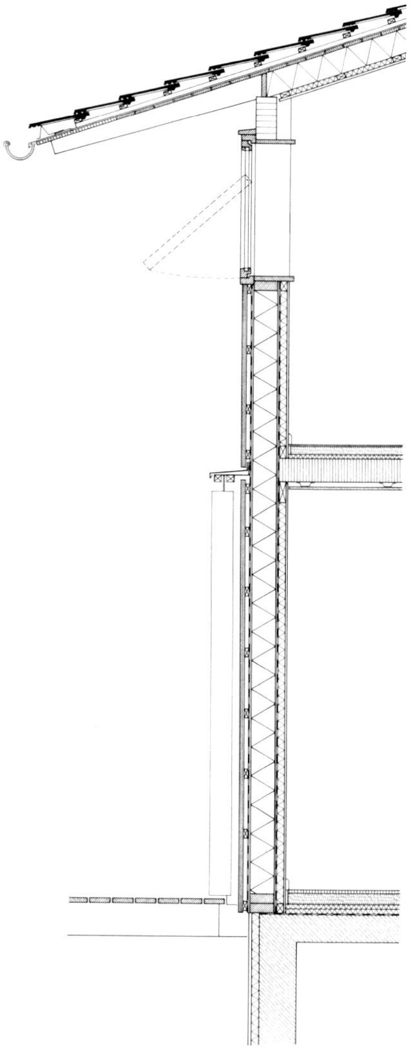

Fassadenschnitt Fenster M 1: 50

Innenansicht

Eingang und Terrasse

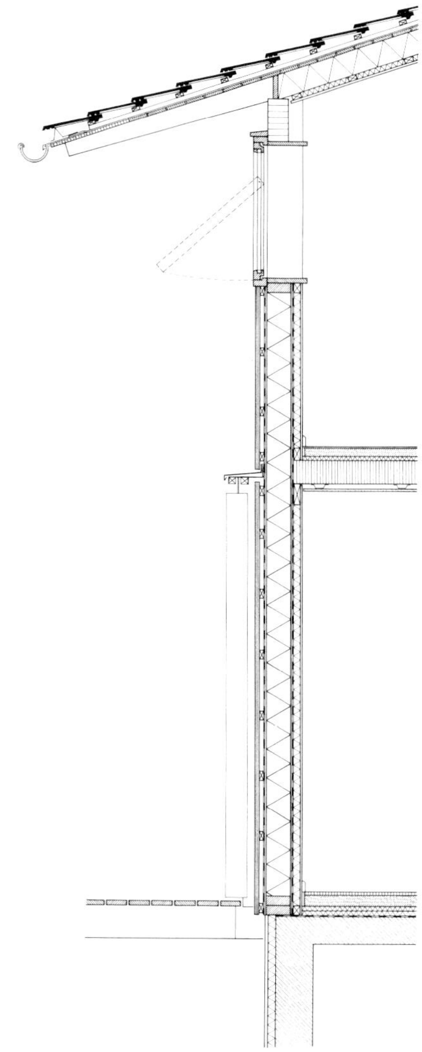

Fassadenschnitt Wand M 1: 50

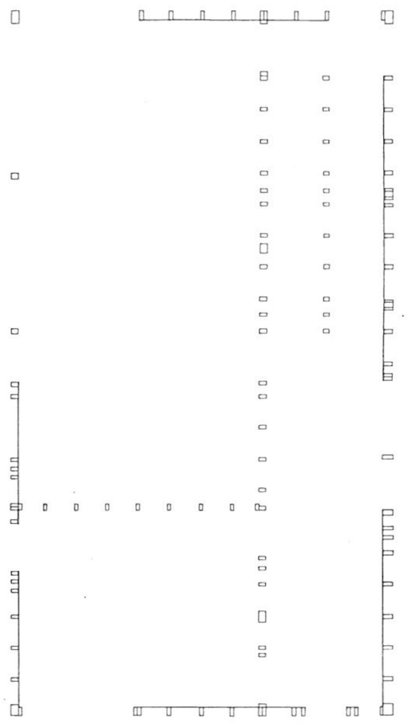

Stützen und Raster

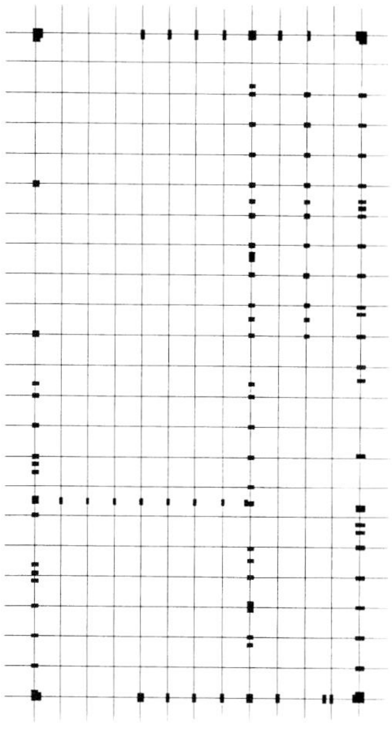

Bauherr: privat
Fertigstellung: 1996

Wohnhaus in Finning/Ammersee

Architekt: Wolf-Eckhart Lüps, Utting

Finning ist eine kleine oberbayerische Gemeinde zwischen Ammersee und Lech. Das Wohnhaus steht am Rand einer Neubausiedlung mit freistehenden Wohnhäusern und grenzt direkt an Äcker und Wiesen. Der Blick streift von Osten bis Westen über Bauernland mit verstreuten Feldstadeln, deren einfache, unverblümte Bauweise die Anregung für den Entwurf lieferte.

Das Grundstück wird von Norden durch eine Gemeindestraße erschlossen. Die im Niveau versetzten Ebenen im Erdgeschoß entsprechen dem Geländeverlauf.

Der Eingang liegt auf mittlerem Niveau; von dort aus lassen sich der Wohnbereich, das Büro und die Räume im Untergeschoß erreichen. Die Schlafräume sind vom Wohnbereich zugänglich. Alle wesentlichen Bereiche sind nach Süden zur Sonne und zur freien Landschaft orientiert. Die übrigen Gebäudeseiten sind nur der Ausblicke wegen sparsam befenstert.

Die innenräumlichen Qualitäten entwickeln sich einerseits durch Räume, deren Volumen den Außenabmessungen des Hauses entsprechen, andererseits durch Blickbeziehungen, die auch in Längsrichtung von Giebelwand zu Giebelwand mittels Innenraumfenster und Schiebetüren entstehen. Die Verkehrszonen verlaufen, den Blickbeziehungen entsprechend, an den Außenwänden entlang.

Durch die Gebäudeausrichtung und die Süd-Befensterung wird die Sonnenenergie passiv genutzt. Eine Wandheizung auf Warmwasserbasis befindet sich hinter einer Gipskartonvorsatzschale. Warmwasser wird über Kollektoren außerhalb des Hauses gewonnen.

Das Haus ist in Holzrahmenbauweise mit einem hohen Vorfertigungsgrad errichtet. Außenwände und Dach wurden in hinterlüfteter Konstruktion ausgeführt.

Die Decke besteht aus massiven Leimholzelementen mit fertiger Untersicht, die Böden im Erdgeschoß aus Parkett genagelt auf Lager, im Obergeschoß aus Buchenfertigparkett geklammert und schwimmend auf Weichfaserplatten. Das Dach ist in Gradschnittbiber-Doppeldeckung ausgeführt.

Hausecke

Stadel als Vorbild

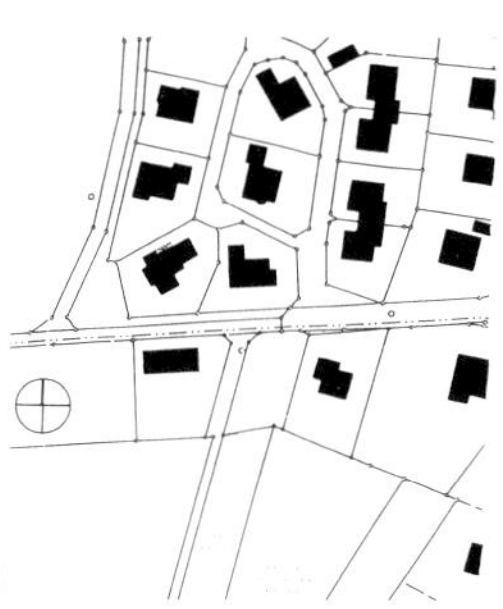

Lageplan

Straßen- und
Gartenseite

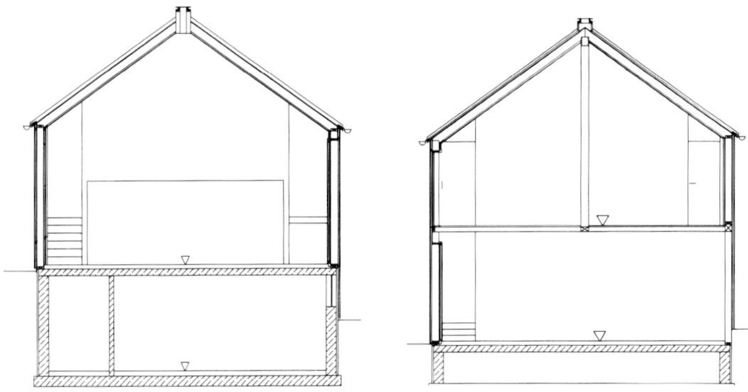

Querschnitte

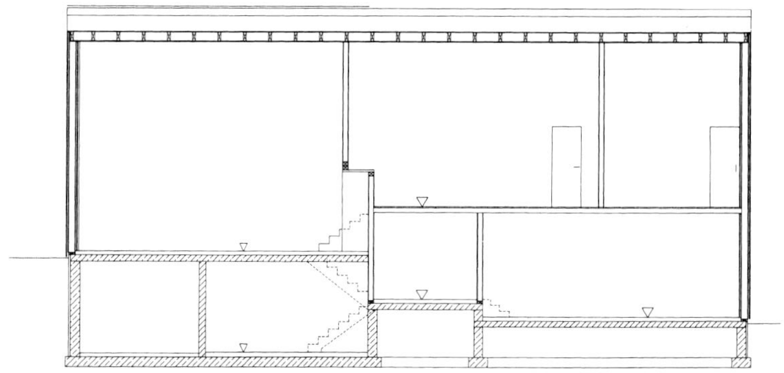

Längsschnitt

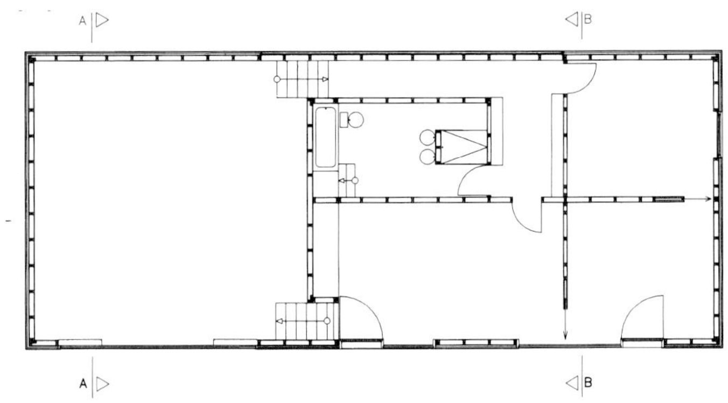

Obergeschoß

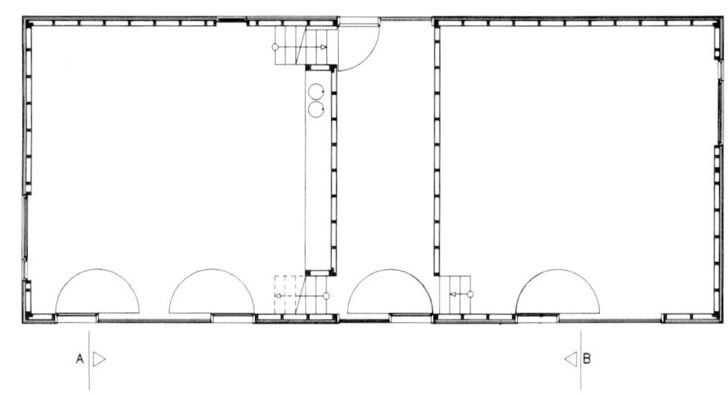

Erdgeschoß

Kellergeschoß M 1:200

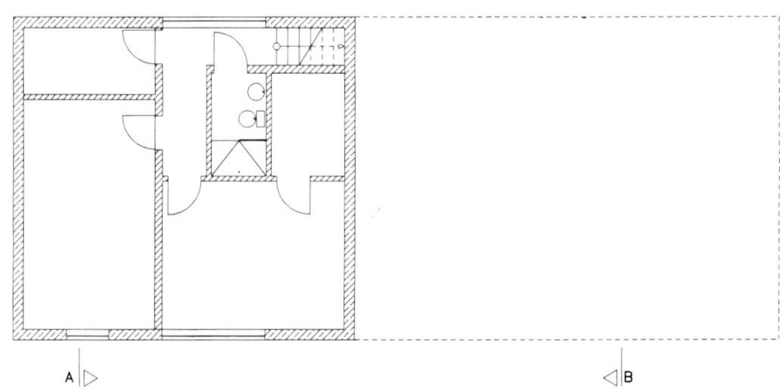

Wohnraum

Wohnraumfenster

Wohn- und Nutzfläche: 216 m²
Baukosten: 2 777 DM / m²

Wohnhaus in Pfullingen

Architekten: Ute Schlierf, Klaus Sonnenmoser (U 8 Architekten), Tübingen

Das Gebäude wurde für eine junge Familie mit drei kleinen Kindern geplant. Die Kinder wie die Eltern sind stark durch verschiedene Allergien und Neurodermitis belastet. Diese Allergiebelastung gab unter anderem den Ausschlag zur Entscheidung, selbst zu bauen. Eine der wesentlichen Forderungen war deshalb, ein »allergiefreies« Haus zu entwickeln und jeden Baustoff entsprechend zu prüfen.

Weitere, für die Planung wesentliche Faktoren waren ein knappes Budget, der Wunsch nach einer kurzen Bauzeit und Kostensicherheit, nach Licht und Luft. Küche/Essen und Wohnen sollten zu einem Gemeinschaftsbereich zusammengefaßt werden, und man wollte eine ökologisch verträgliche Haustechnik und Niedrigenergiebauweise.

Diese Vorstellungen führten zur klassischen einfachen Form eines Hauses, das sich nach Süden und Westen öffnet und sich nach Osten und Norden schließt. Dadurch wird ein günstiges Außenwand-Volumen-Verhältnis erreicht, die Lage der Räume erlaubt eine passive Solarenergienutzung. Vor Beginn der Bauarbeiten wurde das Gelände radiästhetisch untersucht und das Gebäude noch nach Erteilung der Baugenehmigung vom geplanten Standort verschoben, um vorhandenen Störfeldern auszuweichen.

Das Untergeschoß wurde in Ziegelmauerwerk erstellt, für die Bodenplatte unbewehrter Kalksplitbeton verwendet. Die Decke über dem Untergeschoß ist bereits als Brettstapeldecke ausgeführt, die Unterseite der Decke wurde sichtbar gelassen. Nach oben wurde ein Fußbodenaufbau hergestellt, der den Anforderungen einer Wohnungstrenndecke entspricht. Alle weiteren Wand-, Decken- und Dachelemente sind ebenfalls in Brettstapelbauweise ausgeführt. Die Oberfläche ist sägerauh und ungefaßt, zum Teil farblich unbehandelt, zum Teil schon im Werk weiß lasiert. In einigen Bereichen wurde während der Bauzeit entschieden, die rohe Brettstapeloberfläche mit Gipsfaserplatten zu bekleiden, um so eine glatte weiße Wand herzustellen.

Die Familie bewohnt das Haus seit Ende 1996. Sie fühlt sich dort ausgesprochen wohl, das Raumklima wird als sehr positiv empfunden, und die Allergien beruhigen sich und heilen.

Die Verwendung dieser Bauweise beruht auf ökologischen Gründen: minimaler Energieeinsatz zur Herstellung des Baustoffs; Holz gehört zu den erneuerbaren Rohstoffen, es ist ein Sauerstoffproduzent und CO_2-Speicher, hat sehr gute Speichereigenschaften bei Wärme und Feuchtigkeit. Mit dieser Bauweise werden geringere Wandaufbauten benötigt, und durch günstige Materialpreise und Vorfertigung lassen sich die Baukosten merklich reduzieren.

Weitere Projekte in dieser Bauweise befinden sich derzeit in der Ausführung beziehungsweise Planung (Wohnhaus mit Arztpraxis in Überlingen am Bodensee; ökologischer Handwerker- und Gewerbehof in Bad Segeberg, Schleswig-Holstein).

Eckdetail

Westfassade, Pfosten-Riegel-Verglasung

Eckfenster mit Lamellen

Traufendetail und sägerauhe Schalung

Galerie im Dachgeschoß

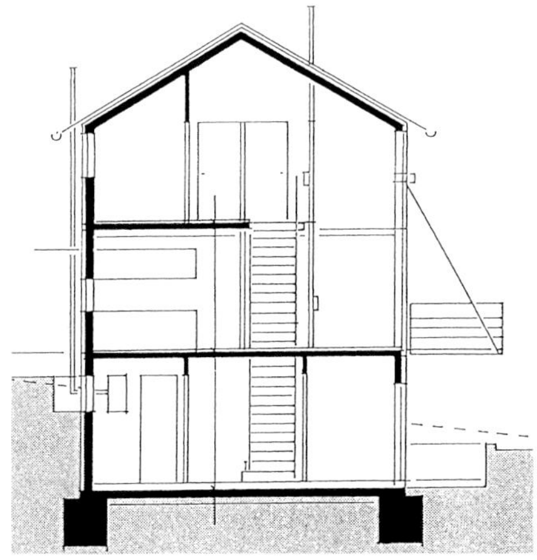

Schnitt

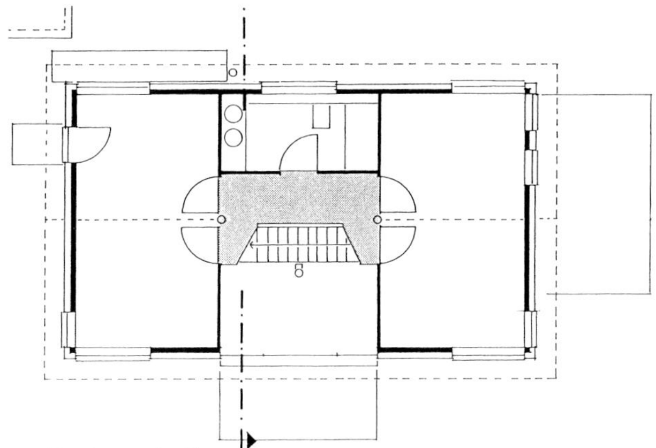

Dachgeschoß

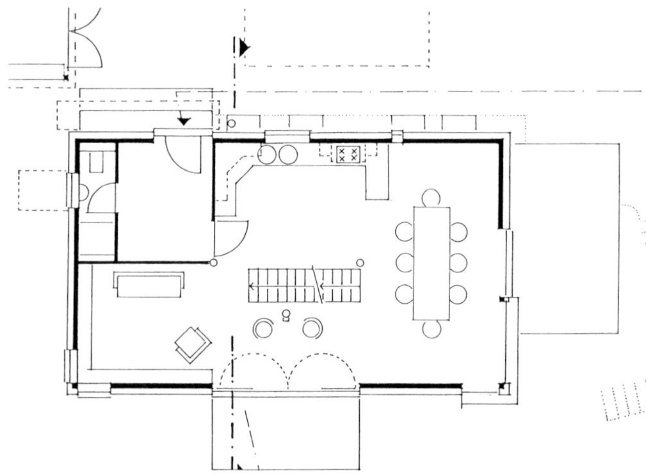

Erdgeschoß

Untergeschoß M 1:200

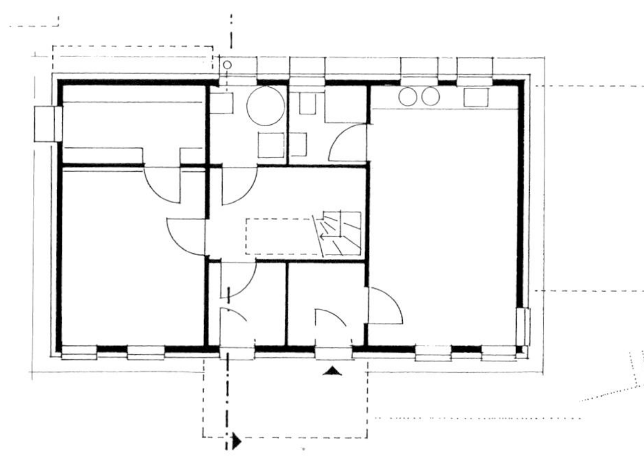

Wohnraum im Erdgeschoß

Konstruktionsdetails

Bauherr: Familie Thudium, Pfullingen
Wohnfläche: 208 m^2
Reine Baukosten: 2130 DM
Fertigstellung: 1996

Wohnhaus in Berglen

Architekten: Fetzer + Scheirer, Stuttgart

Am Übergang zu einem durch Streuobstwiesen geprägten Landschaftsschutzgebiet und am Rande des Weilers Drexelhof gelegen paßt sich das Bauvolumen durch seine schlichte »scheunenartige« Bauform mit geneigtem ziegelgedecktem Dach harmonisch ins Ortsbild ein. Durch den parallel zum Altbau gestellten Baukörper entsteht eine differenzierte Raumfolge der Freibereiche – im Norden zwischen Alt- und Neubau der vielfach nutzbare Hof mit wassergebundenem Belag und im Süden der leicht zum Haus hin abfallende bäuerliche Nutzgarten.

Das Wohnhaus ist als hochwärmegedämmtes Niedrigenergiehaus erstellt worden. Alle Bauteile besitzen einen deutlich geringeren Wärmedurchgang als von der Wärmeschutzverordnung vorgeschrieben. Die kontrollierte Lüftung sorgt für ein geregeltes Nachströmen von temperierter frischer Außenluft, ohne daß Fenster geöffnet werden müssen. Die Ost-, West- und Nordfassaden sind eher geschlossen, großzügige Fensteröffnungen in der Südfassade erlauben, daß die Sonnenenergie genutzt wird, indem speicherfähige Bauteile wie Zementestrich und Massivwände durch die flache Wintersonne erwärmt werden.

Material und Konstruktion entsprechen einer wirtschaftlichen Bauweise. Der Großteil der Konstruktion und die Außenwände sind in Holz ausgeführt (was die Erstellungszeit und -kosten deutlich verringerte). Vordächer an der Nord- und Südfassade, die auch als Auflager von Photovoltaik-Elementen genutzt werden können, dienen dem konstruktiven Holz- und sommerlichen Sonnenschutz.

Alle Bauteile, in denen Installationen geführt werden, sind als verputzte Leichtbetonwände ausgeführt. Roh belassene Mauerwerkswände dienen der Wärmespeicherung. Das Verzichten auf eine Unterkellerung und der Anschluß der Heizung an die bestehende, nun optimal ausgenutzte, ölbefeuerte Niedertemperatur-Heizungsanlage sorgte für weitere Einsparungen.

Die klare und einfache Struktur des Gebäudes beinhaltet im Erdgeschoß einen gezonten, aber offenen Raum – die »gute Stube«. Durch großzügige zweiflügelige, nach außen aufschlagende Fenstertüren kann dieser zentrale Bereich des Hauses zum Garten und Hof erweitert werden. Für die persönlicheren Räume im Obergeschoß gilt dasselbe wie im Erdgeschoß – jeder Raum besitzt ein eigenes Gepräge was Form, Lage und Licht betrifft: das Schlafzimmer bietet als »Zentralraum« eine großartige Aussicht in den Garten und darüber hinaus in die Ferne, das Arbeitszimmer einen eher introvertierten Charakter.

Anregende Orte sind im ganzen Haus geschaffen worden; sie können verbal mit »Sitzen im Fenster«, »die Treppe als Sitzstufe«, »die Küche im Mittelpunkt des gemeinschaftlichen Lebens«, »Badewanne mit Ausblick« und »auf der Eckbank mit dem Rücken zur Wand« beschrieben werden. Alle Fenster sind so in das Volumen eingefügt, daß sie besondere Ausblicke in die Landschaft ermöglichen und gleichzeitig den umschließenden Raum und die darin vollzogene Tätigkeit prägen.

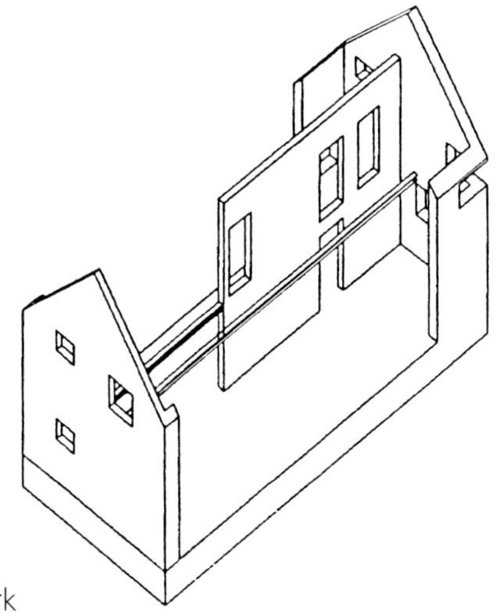

Mauerwerk

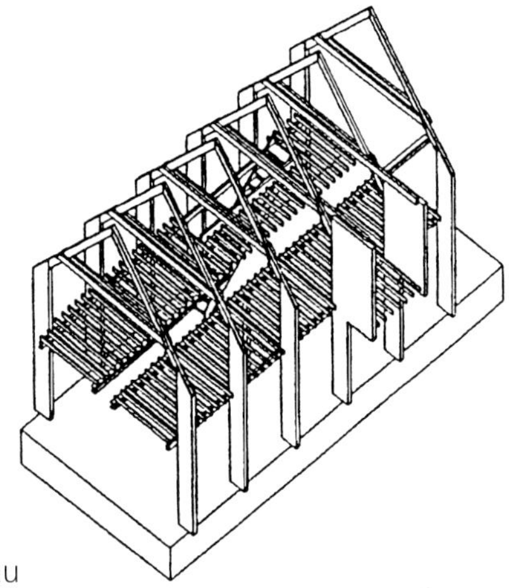

Holzbau

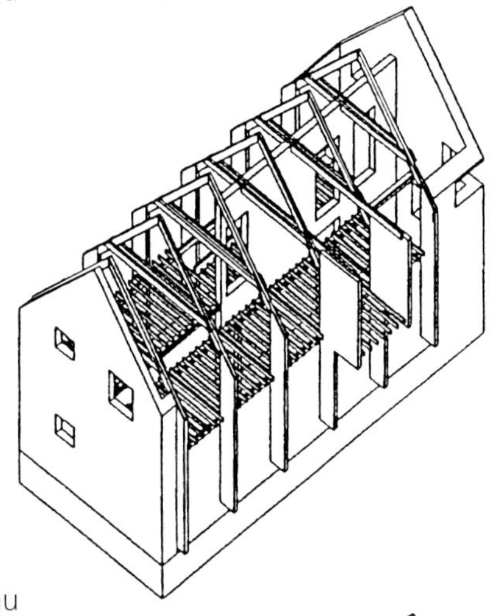

Rohbau

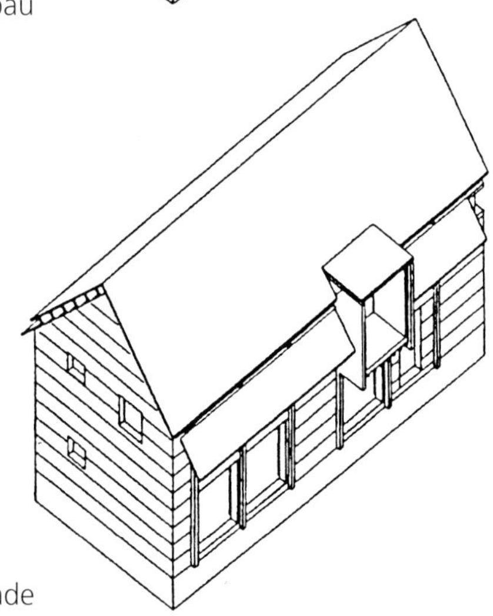

Fassade

Gartenansicht

Hinführung auf das Haus

Bauherr: Hartmut Stirner-Waiss
Wohnfläche: 124 m²
Baukosten: 2415 DM/m²

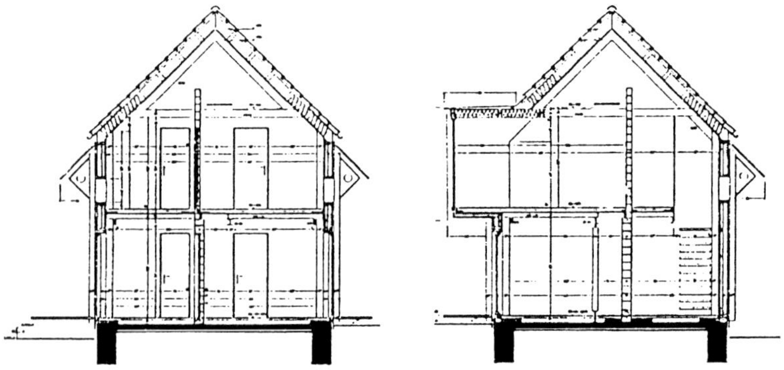

Schnitte M 1:200

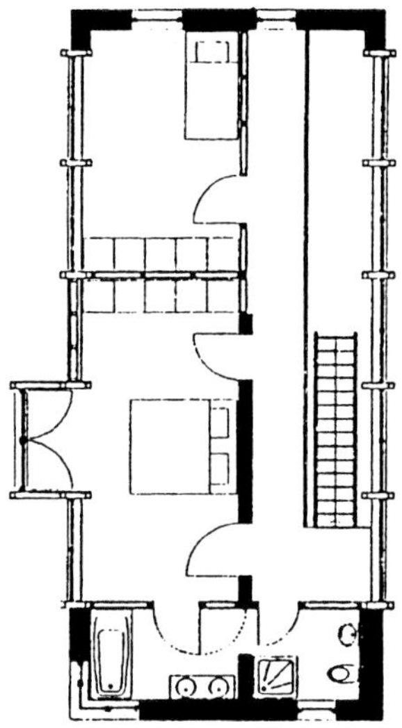

1. Obergeschoß

Wohnräume im Erdgeschoß

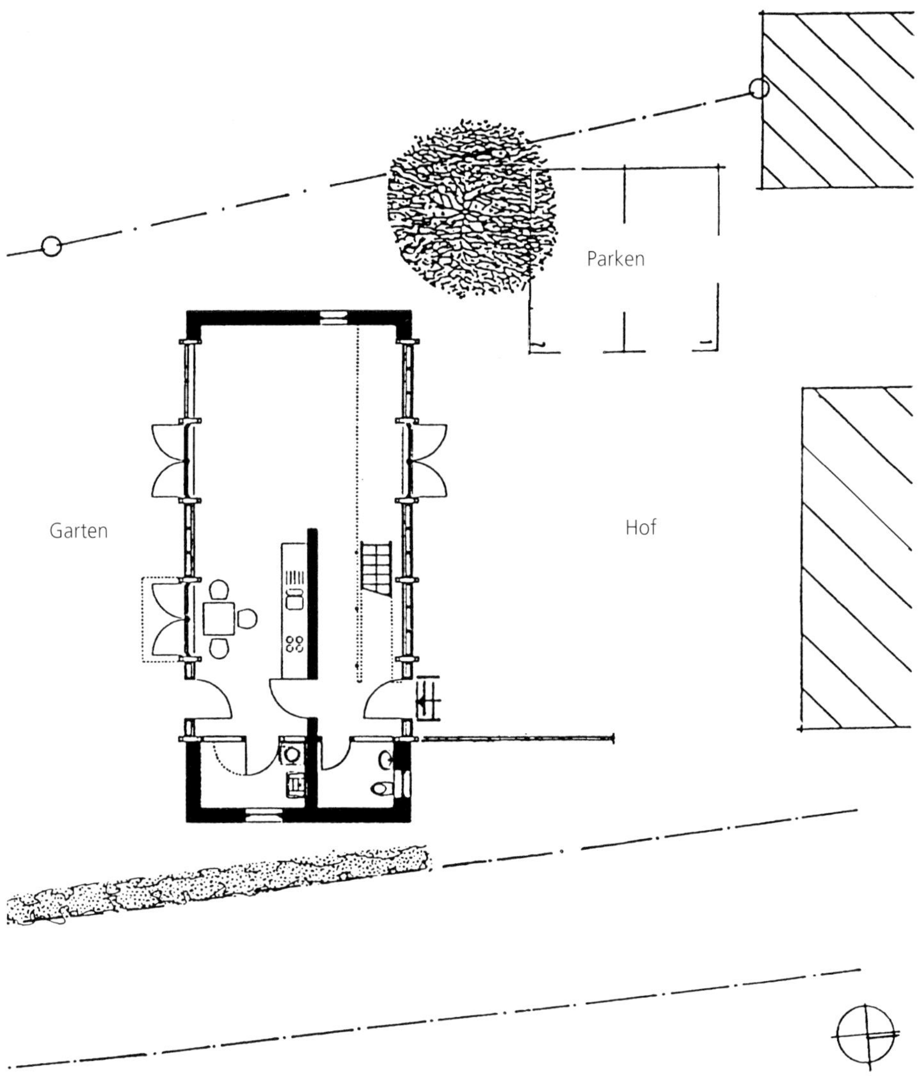

Erdgeschoß M 1:200

Detailschnitt mit Angaben zur Konstruktion

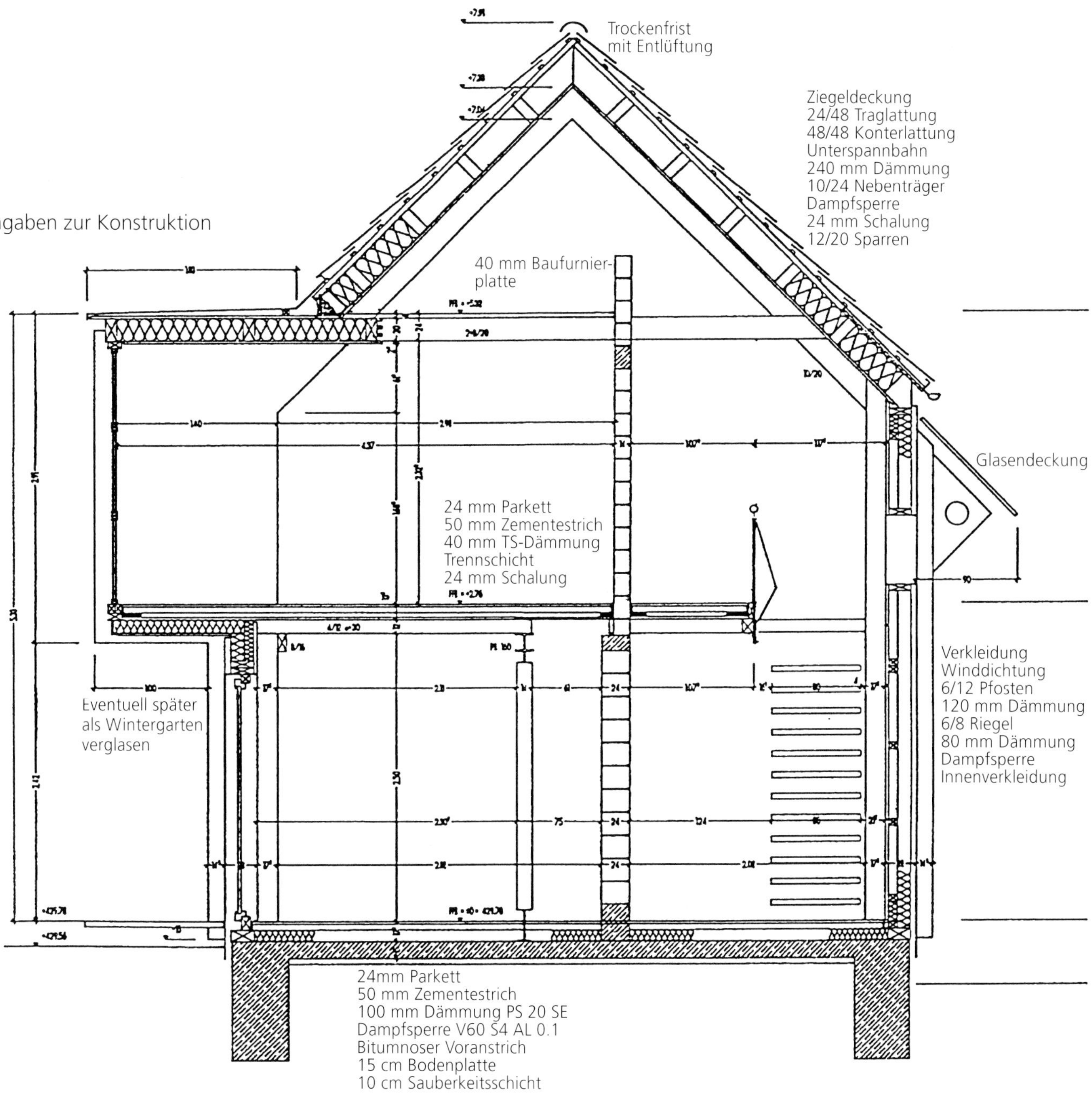

Auf der Galerie

Schlafraum im Obergeschoß

Wohnhaus in Dünzlau

Architekt: Andreas Mühlbauer, Ingolstadt

Der Gedanke, ein Holzhaus zu bauen, entstand aus ökologischen Gründen, nachdem die Bauherren ein halbes Jahr in einem Holzhaus gelebt hatten. Besonderer Wert wurde deshalb auf die Verarbeitung von ökologisch unbedenklichen Materialien gelegt.

Die Idee, ein klares und auf das Wesentliche reduziertes Haus zu bauen, entwickelte und verfestigte sich während der Planungsphase. Die 25 cm dicke Außenwand wurde mit natürlichen Baustoffen gedämmt. Die innenliegende Installationswand wurde ebenfalls mit natürlicher Dämmung versehen und mit Naturgipsplatten geschlossen. Als Innenraumfarben wurden unbedenkliche Farben verwendet. Im ganzen Haus gibt es nur Dielenböden aus heimischer Lärche.

Die dreifachverglasten Fenster und Fenstertüren stammen aus Skandinavien und helfen Energie zu sparen. Sie lassen sich nach außen öffnen und nehmen somit im Innenraum beim Lüften keinen Platz weg.

Die gesamte Elektroversorgung ist auf ein minimales Maß reduziert und raumweise abschaltbar.

Der Koch-, Eß- und Wohnbereich ist als offener Raum konzipiert. Einziger »Luxus« in dem Haus ist die zweigeschossige »Eingangshalle«.

Ein besonderes Ereignis ist es insbesondere nachts, das mit schwarzen großformatigen Holzwerkstoffplatten verkleidete Haus zu betrachten. Durch das im Keller über die gesamte Länge des Hauses durchgehende Fensterband schwebt das Haus förmlich über dem Erdboden.

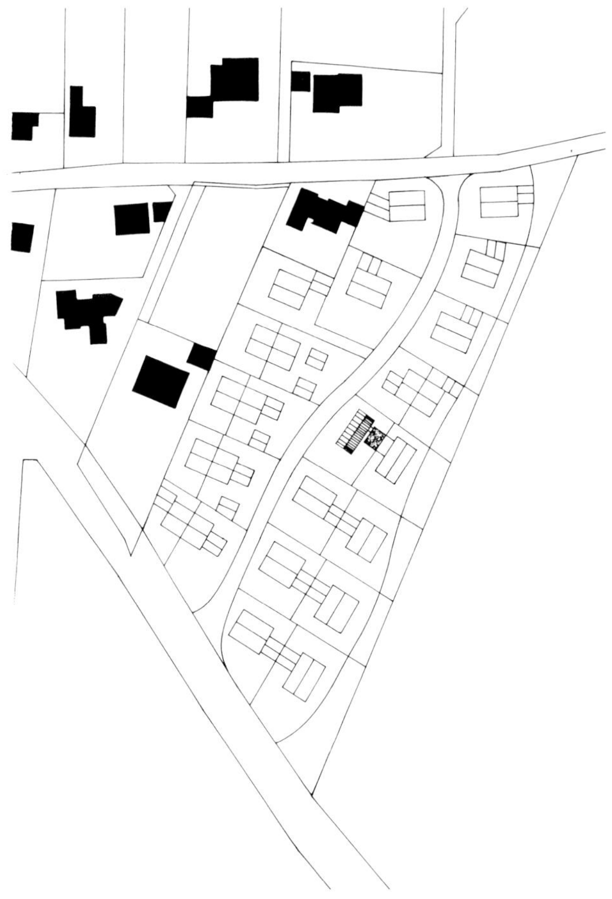

Lageplan

Eingangsseite bei Tag und bei Nacht

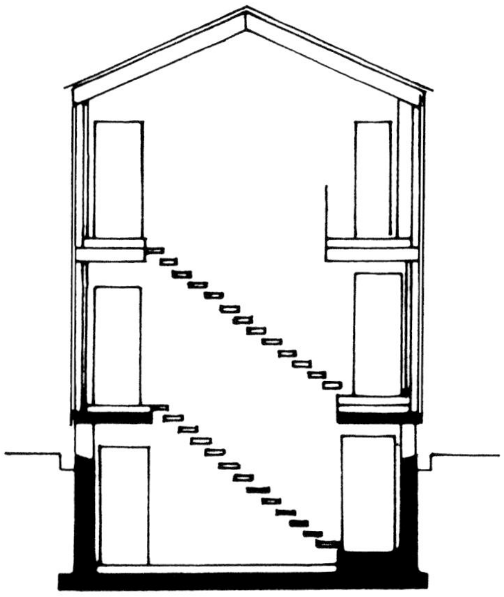

Schnitt M 1:200

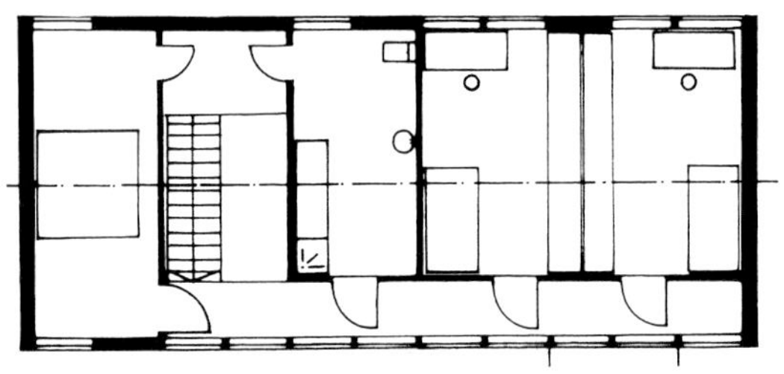

Dachgeschoß

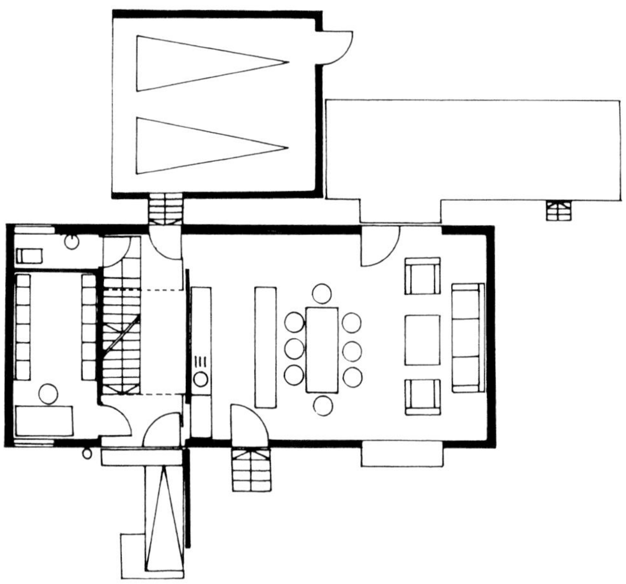

Erdgeschoß

Eßplatz im Erdgeschoß

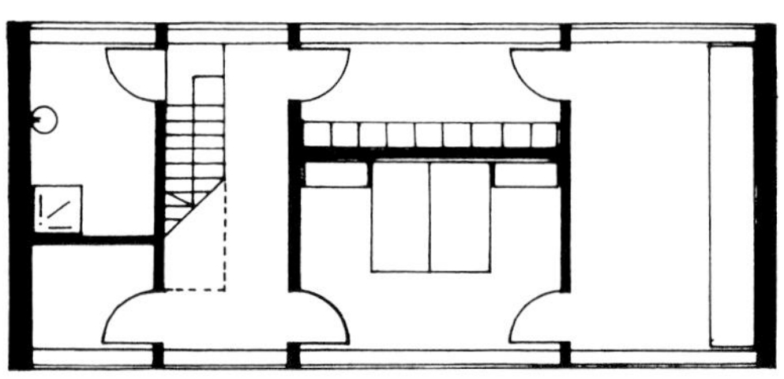

Kellergeschoß M 1:300

Treppenblicke

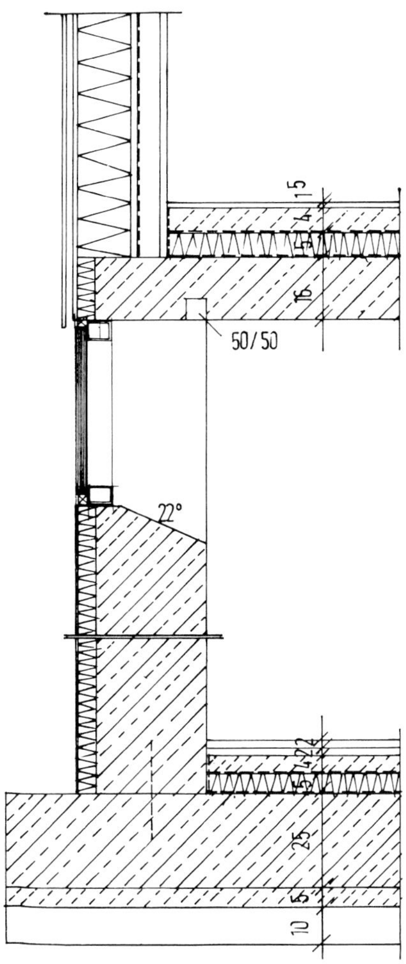

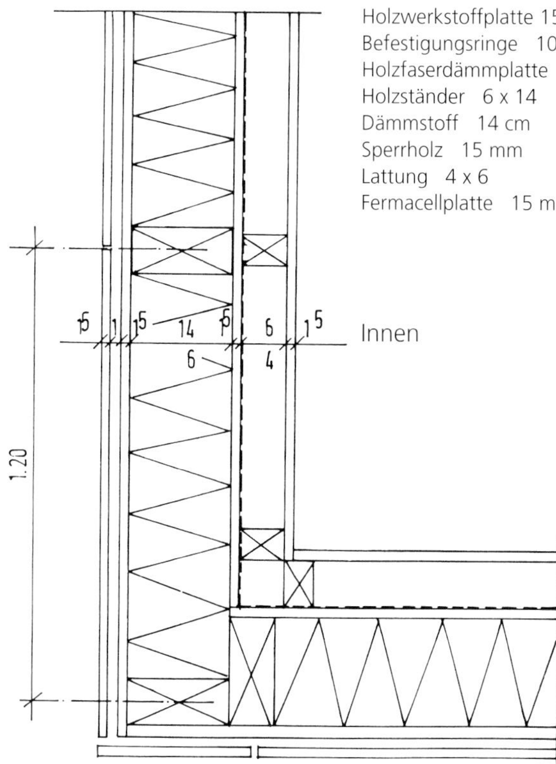

Holzwerkstoffplatte 15 mm
Befestigungsringe 10 mm
Holzfaserdämmplatte 15 mm
Holzständer 6 x 14
Dämmstoff 14 cm
Sperrholz 15 mm
Lattung 4 x 6
Fermacellplatte 15 mm

Bauherr: Familie Adlkofer, Dünzlau
Fertigstellung: 1996

Wohnhaus in Bayern

Architekt: Sampo Widmann, München

Blick vom Bach

Das Wohnhaus liegt an einem Südwesthang und wird oben von der Straße, unten von einem Bach begrenzt. Es ist ein Holzhaus, das den Hang respektiert und sich in entsprechenden Stufen abtreppt. Der Hang definiert die Abtreppung. Das Haus ist nicht unterkellert, es schwebt über dem Gelände. Die Gründung erfolgt über einzelne Bohrfundamente.

Die bestimmende Treppenanlage in der Mittelachse wird über ein horizontal verglastes Lichtband belichtet.

Kochen und Essen bilden den Mittelpunkt des Familienlebens. Dieser sehr intensiv genutzte Bereich ist raumhoch. Hier ist die Größe des Hauses ablesbar.

Alle Holzteile sind farbig behandelt, die Innenwände bestehen aus weißem Gipskarton, der »Regenmantel« ist als sägeraue vertikale Schalung konzipiert – einlagig, stumpf gestoßen, mit Naturharzfarbe deckend gestrichen. Das Ergebnis ist ein Haus für zwei Erwachsene und einen Kater.

Lage im Ort

Rohbaukonstruktion

Gartenseite

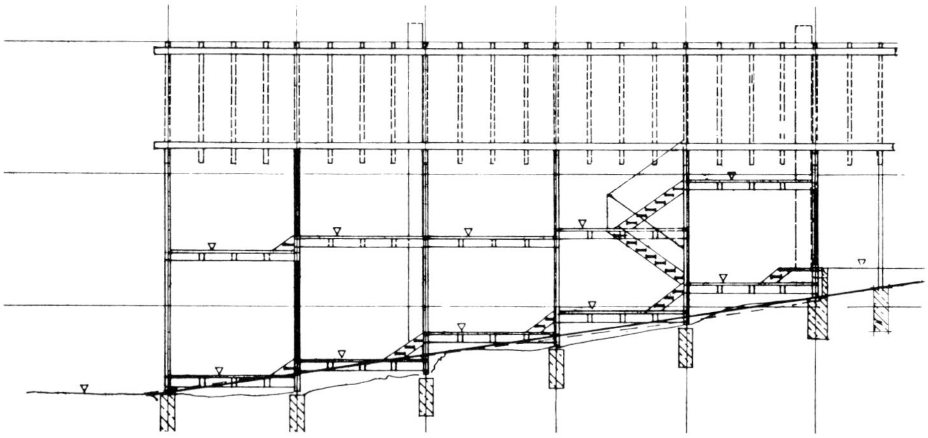

Längsschnitt

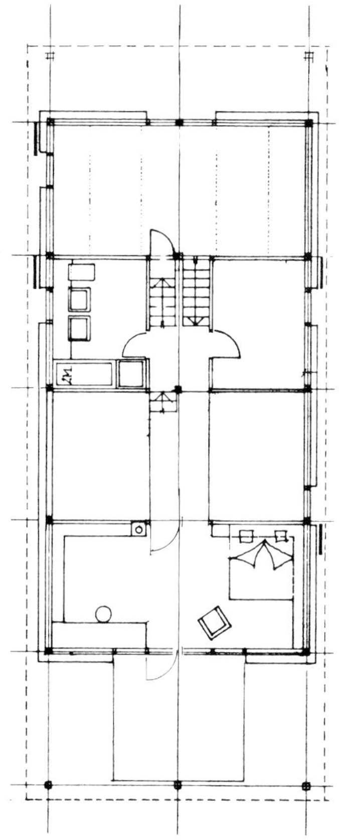

Obergeschoß

Fenster (außen angeschlagen)

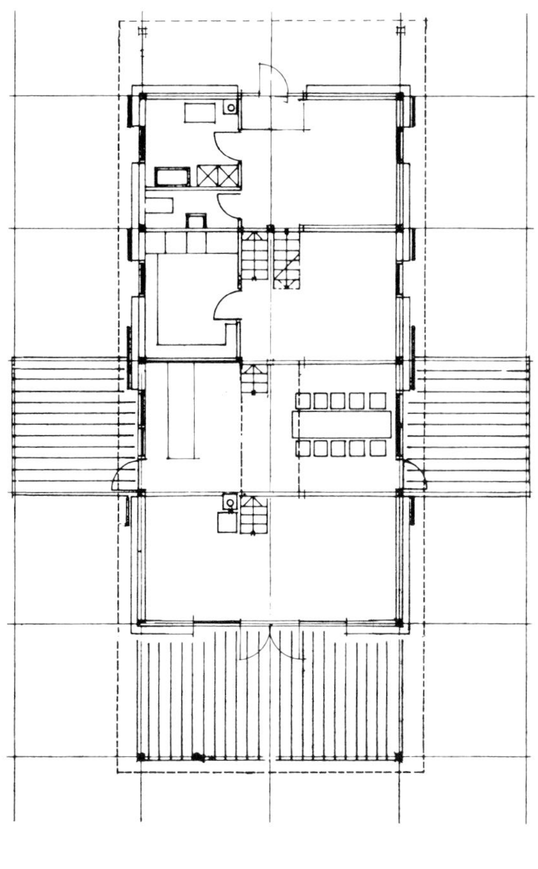

Erdgeschoß M 1:200

Wohnhaus in Bayern

Architekt: Sampo Widmann, München

Sonst kennen wir diesen Ablauf nur bei Bauernfamilien: Die Alten geben den Hof und bekommen ein Wohnrecht im »Austragshäusl«. Hier ist es ähnlich. Die Eltern wollen früher oder später das große Wohnhaus an die Kinder übergeben und in ihr neues kleines Haus einziehen. Die zur Verfügung stehende Gartenfläche war nicht besonders groß, und so nimmt dieser Wohnturm mit einer Grundfläche von 6 x 6 m wenig Wiese in Beschlag – ein Haus für zwei Erwachsene, ohne aufwendige Trittschalldämmung.

Die Gliederung der Geschosse ist streng. Erdgeschoß – Kochen und Essen; Obergeschoß – Bad, Schrankraum, Schlafzimmer und getrenntes WC; im Dachgeschoß alles das, was man Wohnen nennt.

Große festverglaste Glasflächen zur Sonnenseite, schmale Schlitze nach Nordwest und Nordost gliedern die Fassaden. Zum Lüften wird die Wand geöffnet; Fenster entstehen, die mit dem Schließen wieder verschwinden.

Das Haus ist aus gebäudehohen Wandelementen konstruiert, die hochwärmegedämmt sind. Ansonsten ist es so einfach und streng wie möglich gehalten – ein Würfel und ein halber Würfel.

Lageplan

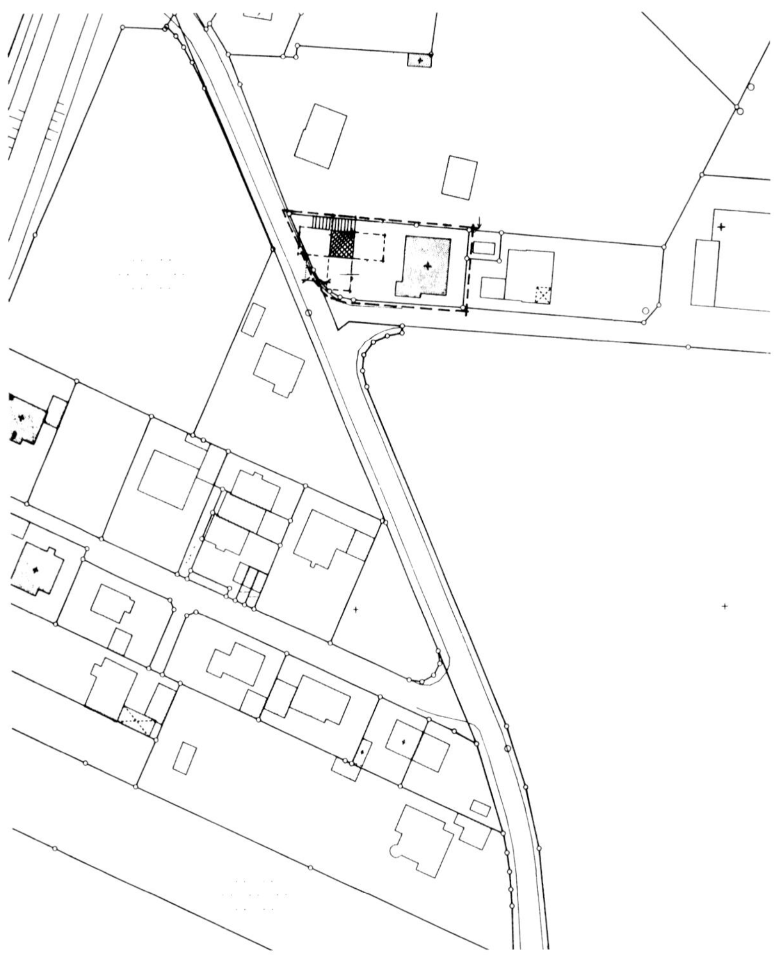

Eingangs- und Gartenseite

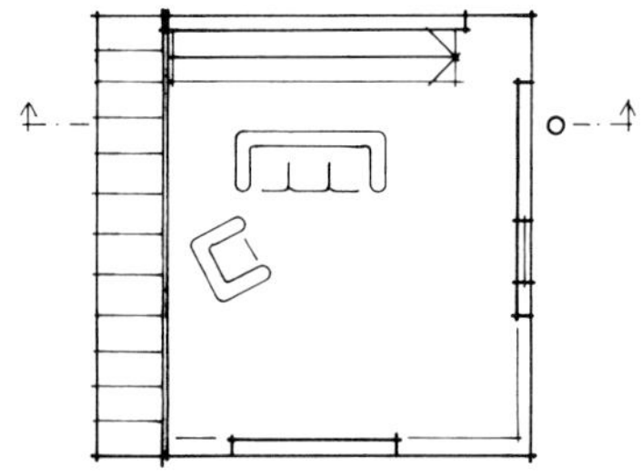

Dachgeschoß

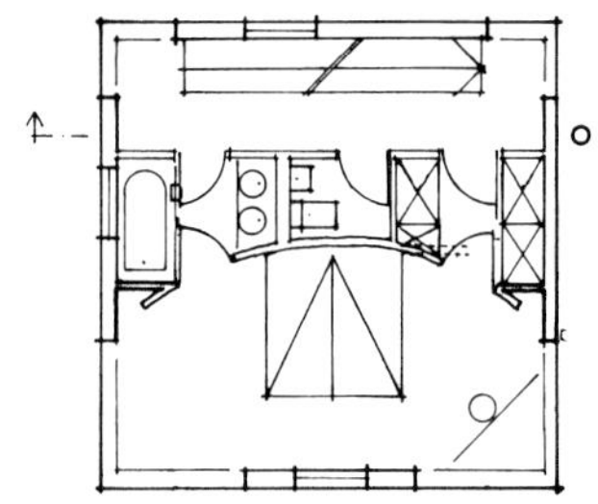

Obergeschoß

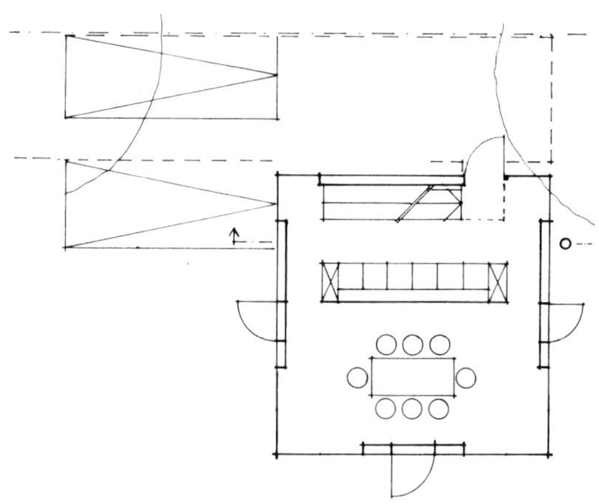

Erdgeschoß

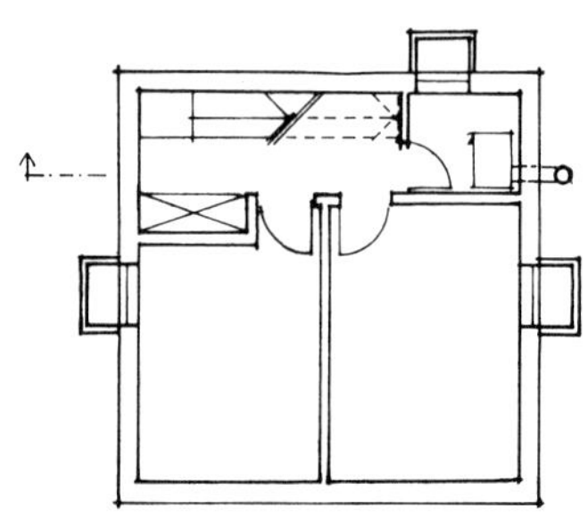

Kellergeschoß M 1:200

Fassadenausschnitte

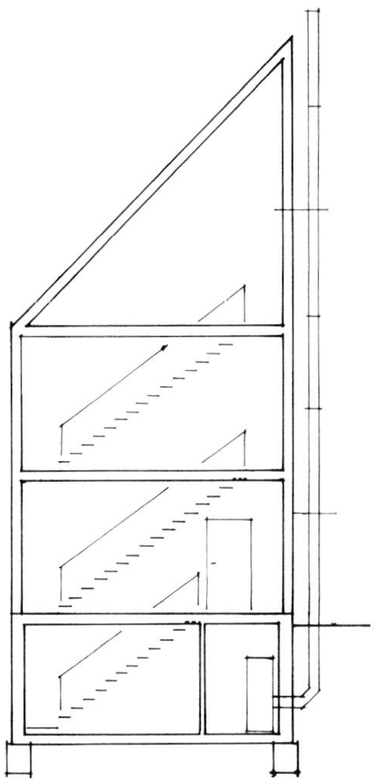

Schnitt

Wohnraum

Bauherr: Ehepaar Lill

Wohnhaus in Oberschwaben

Architekt: Sampo Widmann, München

Das Haus liegt in einem klassischen Neubaugebiet. Es besteht aus »fünf Scheiben« mit Querbrücken und Stegen. Im Ostteil des Hauses liegt eine kleine Einliegerwohnung. Das vorgelagerte »Stahlregal« trägt Balkone, Wintergarten, Windfang oder Rankpflanzen.

Das Haus ist massiv gebaut. Es verfügt über eine außenliegende Wärmedämmung und einen hölzernen »Regenmantel«.

Die kostengünstige Betonsteindeckung hat ihren Originalfarbton Grau behalten. Das Haus beherbergt zwei Erwachsene, zwei Jugendliche und eine Einliegerin.

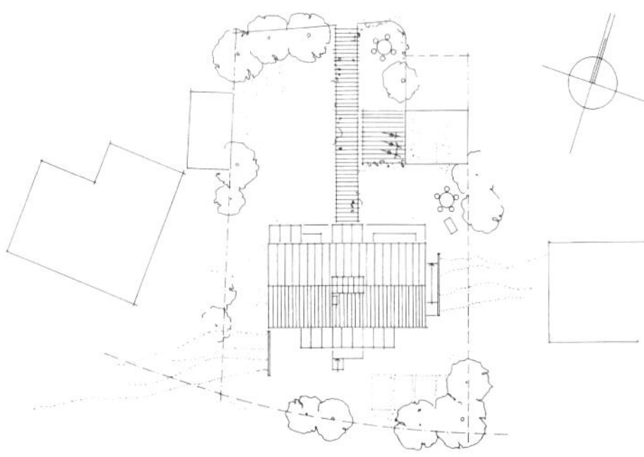

Lageplan

Nordseite

Südseite

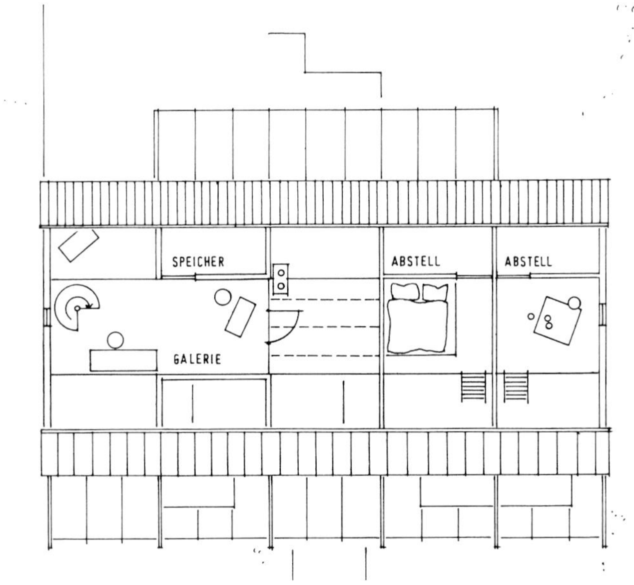

Galerieebene

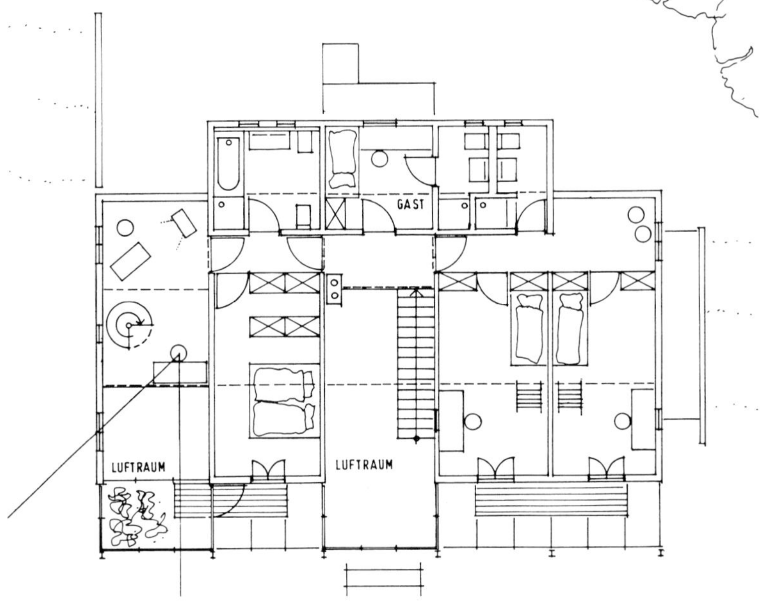

Obergeschoß

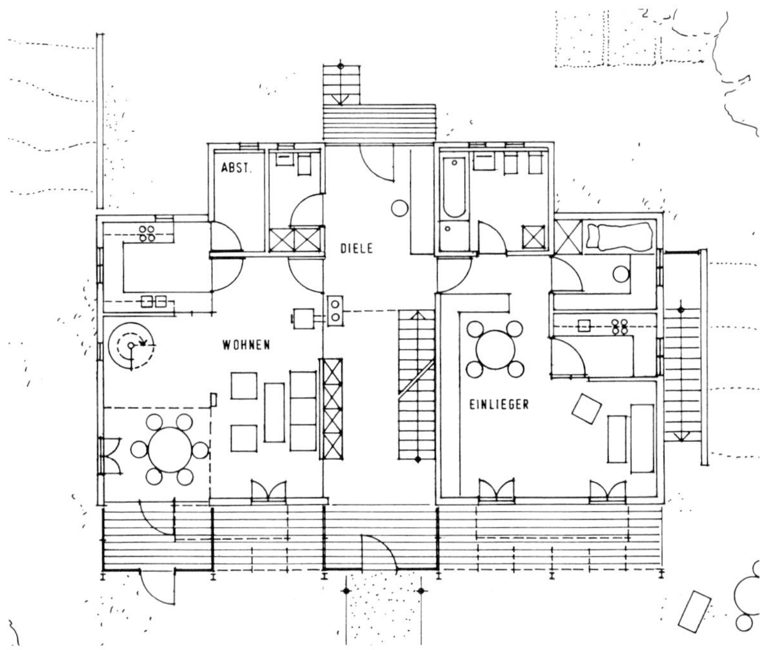

Erdgeschoß

Diele

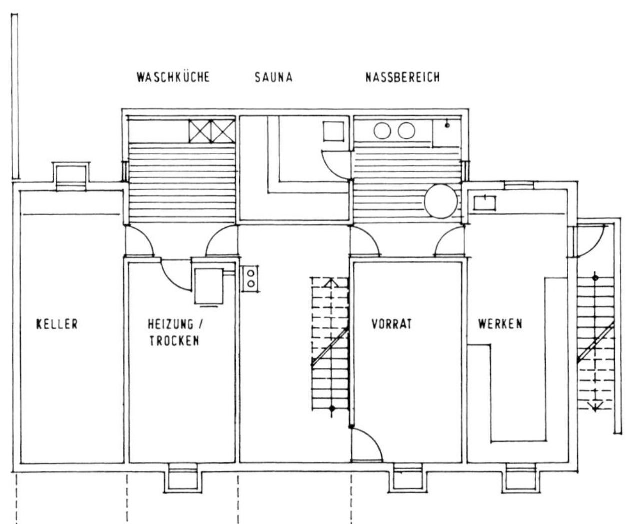

Kellergeschoß M 1:200

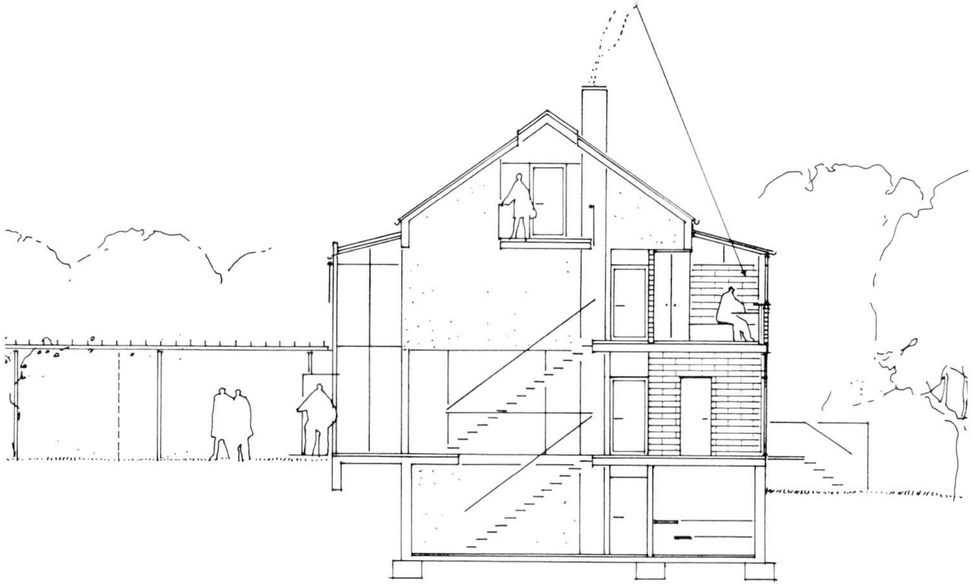

Schnitt

Bauherr: Familie Bachfischer

»Stahlregal«

Wohnhaus in Miesbach

Architekt: Sampo Widmann, München

Das Einfamilienhaus mit dem dazugehörigen Nebengebäude liegt in der Gemeinde Miesbach in Parsberg südlich von München. Es korrespondiert mit der quasi traditionellen Bauweise der umliegenden Bauernhöfe: Sein schmaler, langgestreckter, dunkler Baukörper in Holzbauweise fügt sich einerseits mit seinen als Wind- und Wetterschutz fungierenden Scheunentoren an der Nordseite in die bäuerliche Umgebung ein, andererseits unterstützt die prägnante farbige Akzentuierung dieser Schiebetore die Schlichtheit der reduzierten kubischen Form. Keine pseudotraditionellen geschwungenen Fassadenteile wie geschnitzte Balkone oder Erker sollen die Funktionalität dieses Wohnhauses kaschieren: Es dient vor allem als Lebens- und Arbeitsraum für eine vierköpfige Familie mit speziellen Wohnbedürfnissen: ein großflächiges Maleratelier, ein Studierzimmer mit Bibliothek für die Eltern, zwei Kinderzimmer mit Spiel- und Arbeitsebenen als Besinnungs- und Rückzugsräume, geschützte Räume mit sparsamer Lichtführung durch die markanten Eckfenster im Obergeschoß – Transparenz und Luzidität durch eine großflächige Randverglasung ermöglichen ein Leben im Grünen im Erdgeschoß. Die nach außen aufgehenden Fenster und Türen verstärken diese Offenheit nach außen. Das Ebenmaß des Grundrisses wird durch die Rasterbauweise ermöglicht. Es hebt die Harmonie des Raumgefühls und steigert als reduzierter Rahmen die Wirkung der großflächigen monochromen Bilder des Hausherrn.

rechts: Süd- und Nordansicht

Lageplan

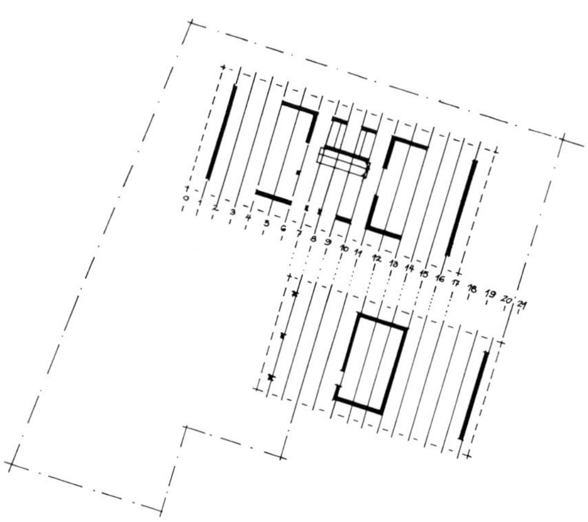

Nordseite mit »Scheunentoren«

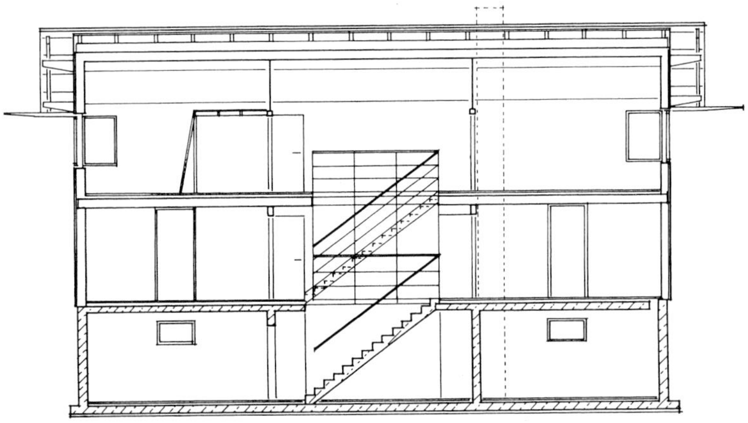

Längsschnitt

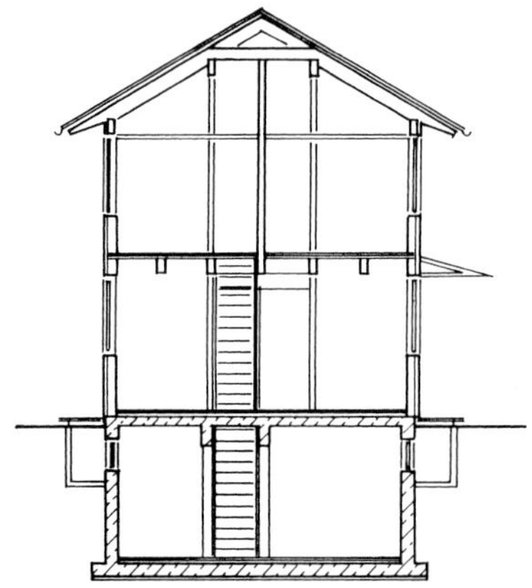

Querschnitt

Galerie

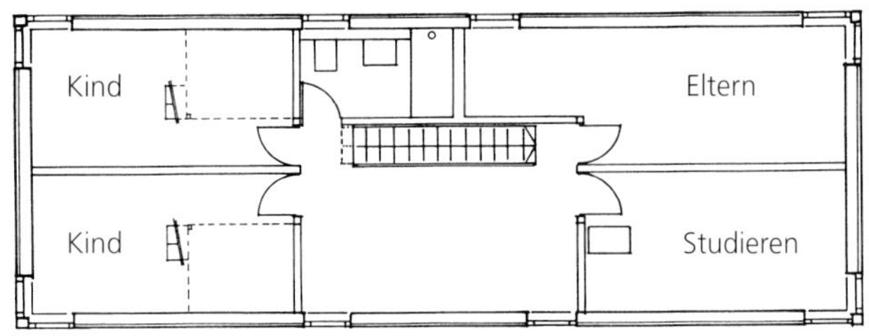

Obergeschoß

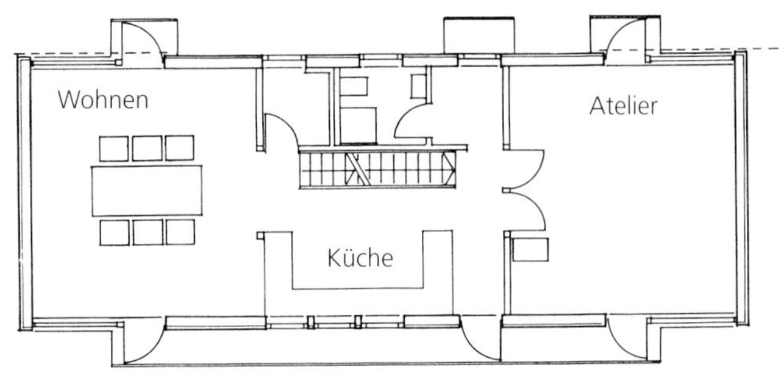

Erdgeschoß

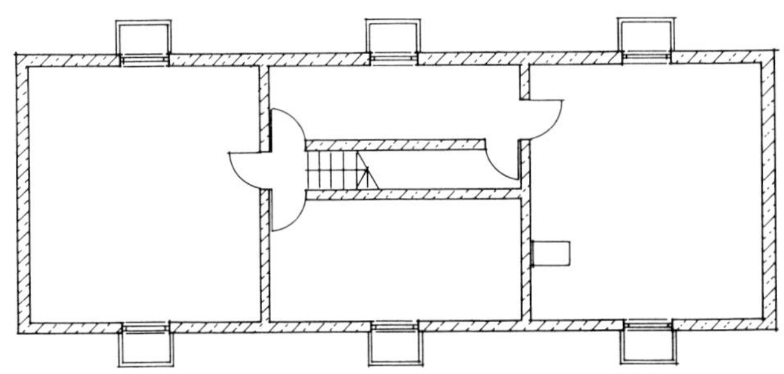

Kellergeschoß M 1:200

Projektleitung: Peter Kuchenreuther
Bauleitung: Oliver Kreipe
Bauherren: Rupert und Marianne Fischer
Fertigstellung: 1994

Wohnraum

Diele

Küche

Wohnhaus in Ingolstadt

Architekt: Sampo Widmann, München

Das ungerichtete Haus liegt auf einem Grundstück am Südhang von Ingolstadt, an der Wendeschleife einer Sackgasse. Es ist für zwei Erwachsene und zwei Jugendliche konzipiert und besitzt eine kleine Einliegerpraxis für Notfälle am Wochenende. Das Haus ist ein reiner Holz-Skelettbau über betoniertem Keller. Viel Luftraum sorgt für eine großzügige Wirkung und für schöne Durchblicke durch das Haus von unten bis ganz oben.

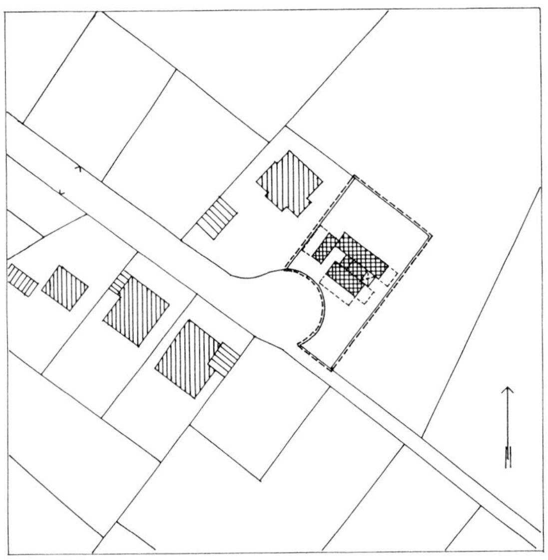

Lageplan

Blick von Osten

Blick von Südwesten

Blick von Nordwesten

Eingangshof

Bauherr: Familie Rohrhuber

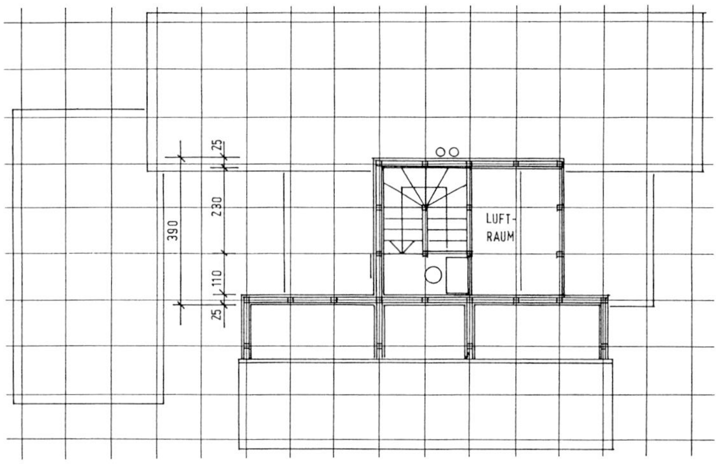

Galerie

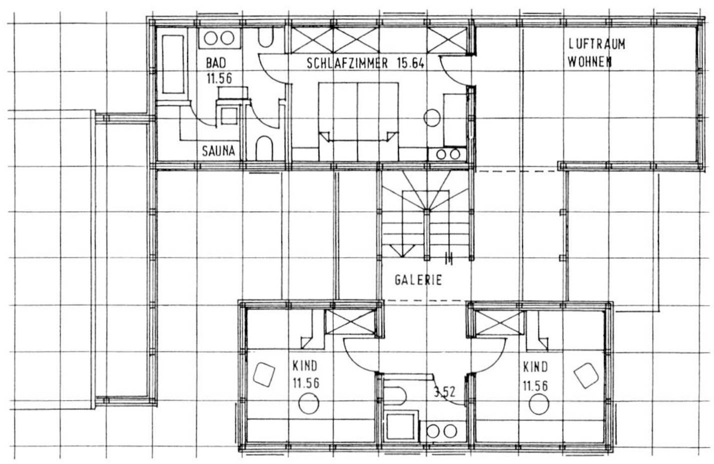

Obergeschoß

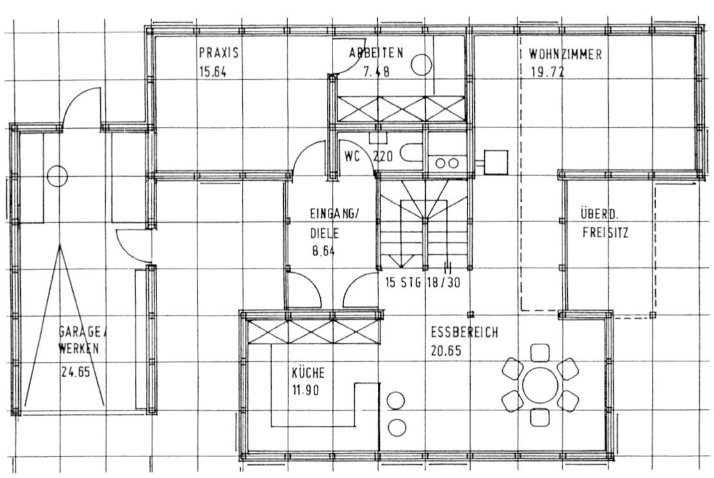

Erdgeschoß M 1:200

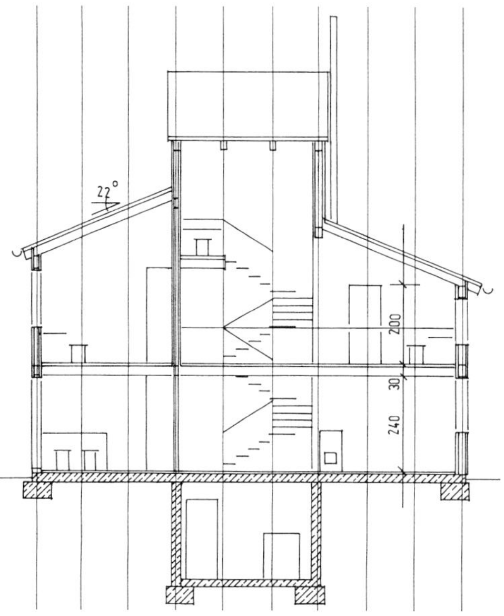

Schnitt

Wohnraum

Wohnhaus in **Hemhof**

Architekt: Sampo Widmann, München

Das Haus wurde für einen Künstler und seine Familie gebaut. Bildhaft betrachtet, ähnelt es einem Kamel mit großen Satteltaschen: Ein schlankes, hohes Gebäude bildet den Hauptkörper mit Wohnräumen und Atelier, an den die Wirtschaftsbereiche seitlich angehängt sind.

Der Bau steht auf einem steil diagonal fallenden Gelände. Er zeigt in die weite Landschaft hinein; gleichzeitig aber duckt er sich in den Hang. Er ist auf die wesentlichen Teile reduziert; übliche Statussymbole fehlen. Es ist der Versuch, auf die bescheidene Architektur des Landes einzugehen, die geprägt ist von Austragshäusl, Schuppen und Scheunen. Die Architektur soll nicht die üppigen Bauernhäuser mit »viel Holz vor der Hüttn« nachahmen, wie sie überall vorkommen. Also enthält der Entwurf eher scharfe Kanten und ablesbare Kuben. Gebäude und Inhalt sind ohne äußerliche Gemütlichkeit; das Gebäude wurde zum Aneignen durch die Benutzer, zum Besetzen gebaut. Es ist ein stark reduziertes Gebäude, ohne jedoch eine rechtwinklige Schachtel zu sein – ein Kamel mit Satteltaschen eben.

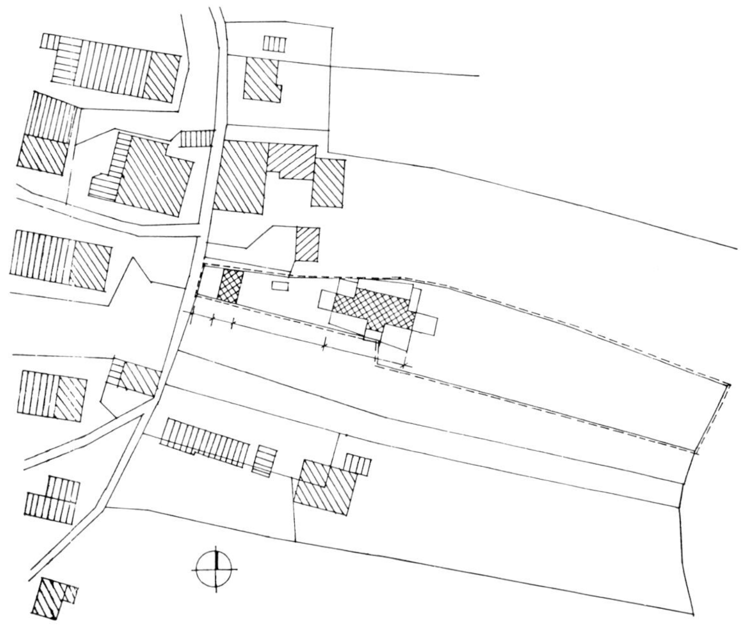

Lageplan

Eingangsseite – und Talseite *rechts*

Angehängte »Satteltaschen«

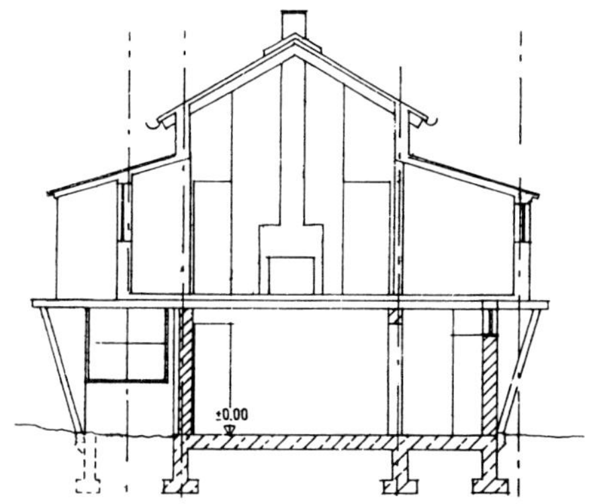

Schnitt

Obergeschoß

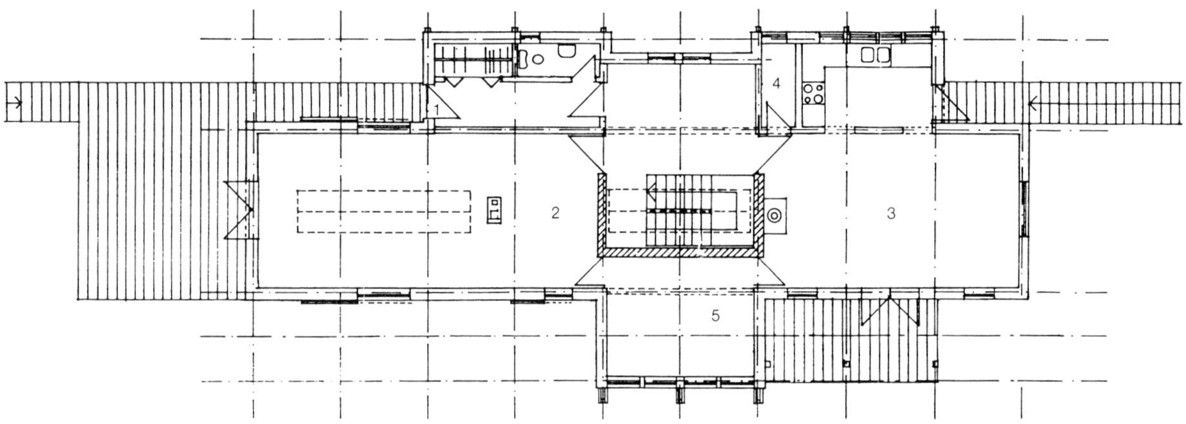

Erdgeschoß M 1:200

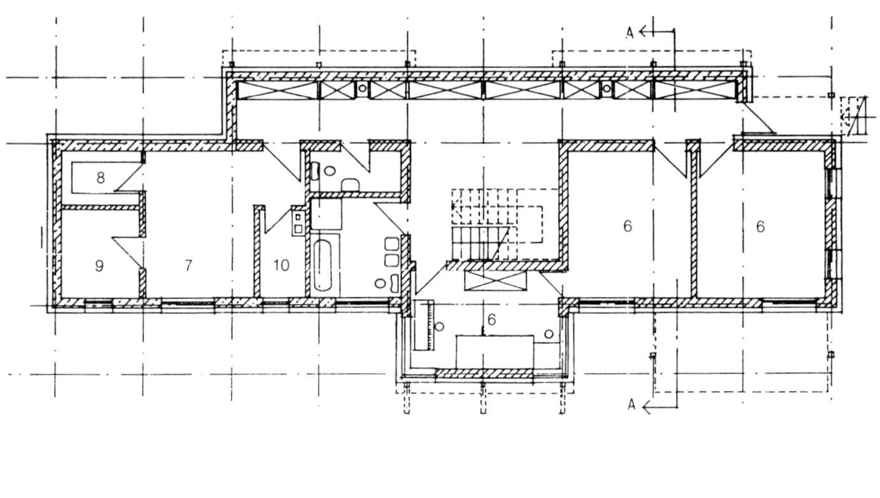

1 Eingang
2 Atelier
3 Wohnen, Essen
4 Speisekammer
5 Büro
6 Zimmer
7 Hauswirtschaft
8 Sauna
9 Obst
10 Heizung

Südostecke

Nordseite

Bauherr: Familie Strauß
Mitarbeit: Karl Zankl
Fertigstellung: 1995

Wohnhaus in Dießen am Ammersee

Architekt: Peter Gasteiger, München

Das 800 m^2 große Grundstück liegt am Ortsrand von Dießen mit Südblick auf eine schöne alte Baumgruppe. Der Bebauungsplan dieser »Dorferweiterung« sah die hierzulande leider übliche Bebauung vor: Einfamilien- und Doppelhäuser mit steilem Dach, Dachgaube umd mittig im Grundstück situiertem Gebäude. Verhandlungen mit den Baubehörden ermöglichten den langgestreckten Baukörper. Durch die Giebeldrehung blieb der freie Durchblick auf die Baumgruppe und den schönen alten Obstgarten, den es als wichtiges dörfliches Element zu erhalten galt, gewahrt. Das Wohnhaus mit Nebengebäude paßt sich auf diese Weise der noch vorhandenen alten dörflichen Gebäudefiguration an.

Für zwei Familien sollte ein Wohnsitz auf dem Lande entstehen, kein Doppelhaus im beliebten Landhausstil, sondern ein der Umgebung angemessenes Gebäude. Obwohl sich die Formensprache wenig auf lokale bäuerliche Elemente bezieht, ist sie doch in ihrer einfachen Aussage aus dem Geist ländlicher Bauten konzipiert. Bewußt wurden Anklänge an das Dampfermotiv oder Seeuferhaus gesucht, um an die Nähe zum Ammersee zu erinnern.

Gebäudeform, Schnitt und Grundriß wurden konsequent entwickelt: Nur das schmale Kernhaus ist unterkellert. Die auskragende Deckenscheibe läßt der Natur Platz; nur ein Baum mußte gefällt werden, die übrigen wurden erhalten: Sie spenden im Sommer Schatten und tragen reiche Ernte.

Um die relativ kleinen Haushälften größer erscheinen zu lassen, wurden viele Raumabschlüsse und Übergänge transparent ausgeführt. Anstelle einer umständlichen Dachbelichtung mit Gauben und Dachflächenfenstern besitzt das Dachgeschoß deshalb eine langgestreckte Laterne mit durchlaufendem Lichtband.

Das Erdgeschoß ist klar in eine Aufenthaltsfläche im Kernhausbereich und eine Bewegungsfläche unter den Vordächern eingeteilt.

So entstand ein zeitgenössisches Haus, das auf seine Weise die Bautradition fortsetzt: eine Mischung aus Westküste und Holzstadel – oder ein bißchen wie ein Hühnerstall, wie manche Einheimische das Haus schmunzelnd nennen.

Der Zugang liegt im Osten und erfolgt über einen hofartigen Zwischenraum mit Fahrrad- und Lagerschuppen. Die Erschließungszone im Erdgeschoß läuft beidseitig entlang der Längsfassade, läßt also dort keine Aufenthaltszonen zu. Die kalten Fassadenteile müssen so im Winter nicht auf Behaglichkeitstemperatur gebracht werden, was auch zur Energieeinsparung beiträgt.

Der nach Westen orientierte Wohn-/Eßbereich öffnet sich großzügig zur Holzterrasse: Hier wird gekocht, gegessen und nah an der Natur gelebt. Alle Räume sind miteinander verbunden, um eine Vielfalt von Wegen und Blickbeziehungen sowohl im Hausinneren als auch nach draußen zu ermöglichen. Die Individualräume im Obergeschoß sind über das Lichtband meist dreiseitig belichtet, die verglaste Südostecke gewährt bei guter Sicht den Blick über den Ammersee bis zu den Alpen.

Als Altersvorsorge wurde ein flexibles Schlafzimmer im Erd- und Obergeschoß vorgesehen, um jeweils einen abgeschlossenen Bereich zu schaffen, der auch für Gäste oder die Kinder genutzt werden kann.

Maßordnung für Grund- und Aufriß ist das Raster von 62,5 cm, das in konsequenter Ausbildung aller sichtbaren Holzteile den optischen Eindruck akzentuiert. Dagegen steht die Betonung der Horizontalen durch Lichtbänder und Längsschalung der Fassade. Das Haus ist in hochwärmegedämmter Holzrahmenbauweise als Niedrigenergiehaus konzipiert worden.

Es sind nur wenige Materialien in ihrer natürlichen Textur eingesetzt: Die Außenschalung ist aus unbehandelter Lärche, die Dachdeckung aus roten glatten Betondachsteinen, alle Stahl-/Blechteile sind verzinkt. Dazu kontrastieren die in weiß und leuchtendem Gelb abgesetzten Fenster und Türen. An den Längsseiten sorgt das Vordach aus Wellplexi für Belichtung und Wetterschutz sowie einen improvisierten Touch.

Ebenso einfach ist der Innenausbau: Weiße Gipskartonwände in Verbindung mit sichtbaren Holzteilen, viel Glas mit Ausblicken in die Natur und ein durchlaufender Industrieparkettboden bestimmen die Räume.

Der Carport hat ein Grasdach, die Brauchwassergewinnung mit Zisterne spart wertvolles Trinkwasser. Trotz des begrenzten Budgets wurde versucht, eine verantwortliche und qualitätvolle Materialauswahl zu treffen.

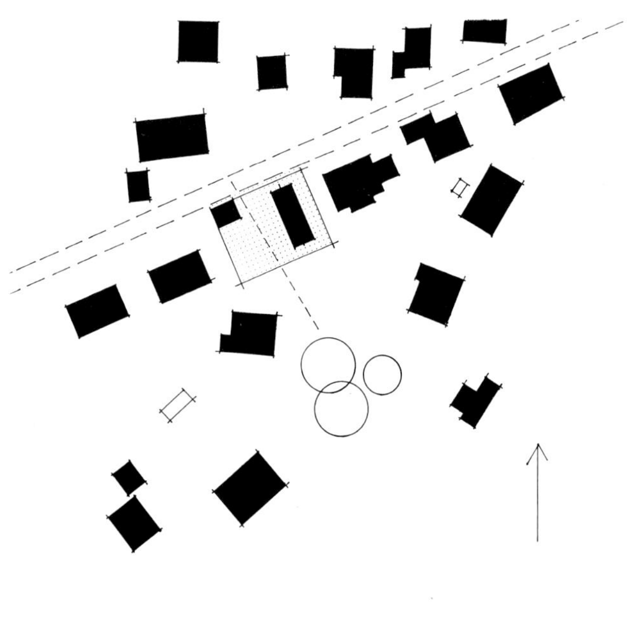

Lageplan

Eckdetail

Gartenseite von Süden im Sommer und im Winter

Die Küche, Blick zum Garten

Wohnraum

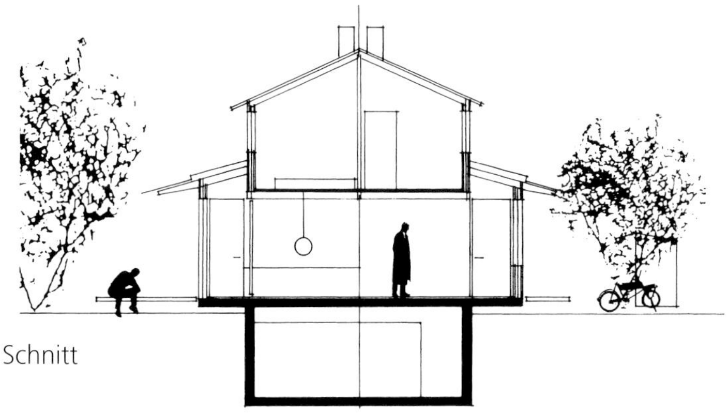

Schnitt

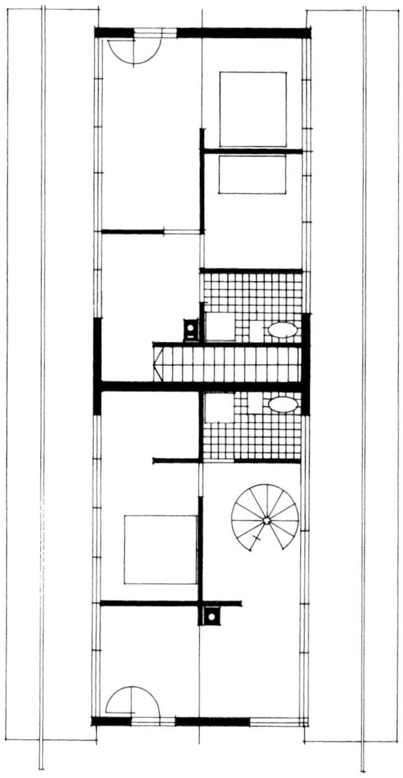

Obergeschoß

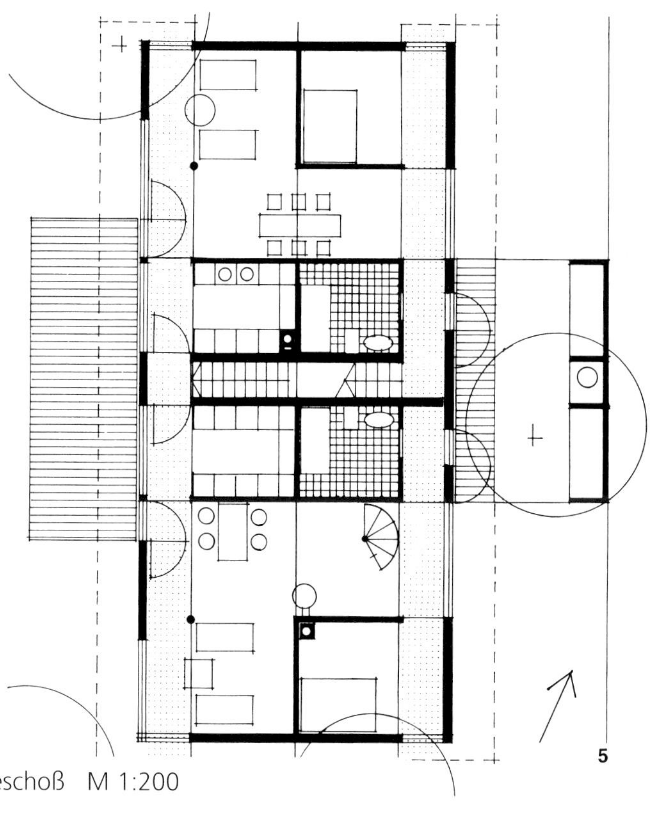

Erdgeschoß M 1:200

Eßplatz zum »Durchwohnen«

Tragwerksplanung: Gernot Pittioni, München

Wohnhaus in Windsbach

Architekt: Michael Gaenßler, München

Die Baugruppe von Studio und Wohnhaus folgt der günstigen Ausrichtung der Traufseite zu dem nach Süden abfallenden Hang wie bei den meisten Häusern der Nachbarschaft. Es herrscht die übliche, wenig überzeugende Abfolge der inmitten der schmalen Grundstücke errichteten Einzelbauten vor, welche für die Gärten nur Restflächen bis zum Zaun übrig läßt.

Bei ähnlichen Grundstücksaufteilungen zeigen fränkische Dörfer eine ebenfalls offene, aber an einer Seite grenzständige Bauweise, bei der jeder Nachbar dem anderen das gleiche Grenzanbaurecht zugesteht und er damit im Süden einen wesentlich besser nutzbaren Freiraum erhält.

Die Grundrißorganisation des Längsflures mit der einläufigen Treppe würde in unserem Beispiel diese bessere städtebauliche Lösung ermöglichen. Die klare Rahmenkonstruktion nimmt die steile Dachneigung auf, führt jedoch in dem gleichen Achsmaß von 1,2 Metern zu einer durchgehenden Anordnung.

Die Terrasse vor der holzverschalten Südwand vermittelt mit den durch helle Schiebeläden geschützten Fenstern und Türen die freie Atmosphäre eines zeitgemäßen Wohnens in der Verbindung von Haus und Garten. Bauen mit Holz bedeutet nicht nur die Wiederentdeckung eines naturnahen Baustoffes oder die Rückkehr zu handwerklichem Fachwerk oder Blockbau, sondern die Weiterentwicklung von Platten- und Rahmenkonstruktionen als neue Wege zu einem kostengünstigen Bauen.

Die Konzentration auf wenige Materialien und sorgfältig gestaltete Grundelemente führt zu einer großzügigen Gesamterscheinung des einfach konstruierten Holzhauses. Durch eine abwechslungsreiche Kombination der Grundelemente wie die unterschiedliche Anordnung der gleich breiten Fenster mit ihren aus hellen Metallprofilen zusammengesetzten Schiebeläden entsteht ein lebendiges Farbenspiel vor dem Hintergrund der klaren Ordnung des tragenden Konstruktionssystems. Die geschlossenen Klimahüllen der Baukörper und die nicht durchbrochenen steilen Satteldächer zeigen, daß hier kennzeichnende Merkmale des Bauens in fränkischen Regionen aufgegriffen werden, die jedoch nicht als ängstliche Kopien oder oberflächliche Tourismuskulissen entwertet, sondern aus ihren räumlichen und konstruktiven Grundzügen heraus neu gesehen und weiterentwickelt sind.

Lageplan

Südseite

Gesamtansicht von Süden

Treppe und Deck

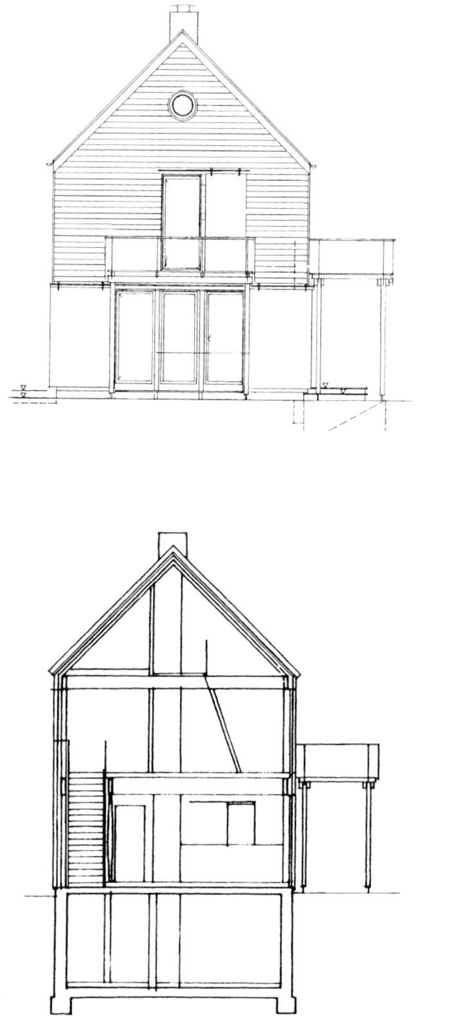

Schnitt M 1:200

Wohnraum mit Aufgang zum Obergeschoß

Obergeschoß

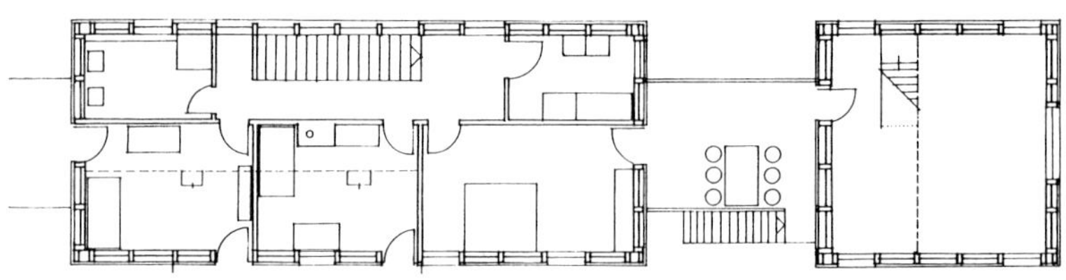

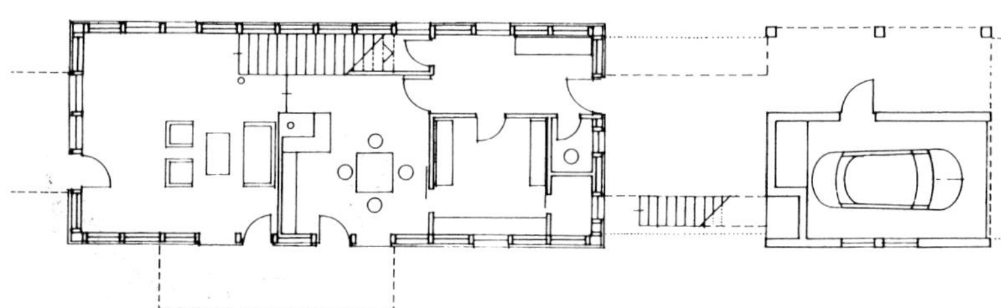

Erdgeschoß M 1:300

Fertigstellung: 1995

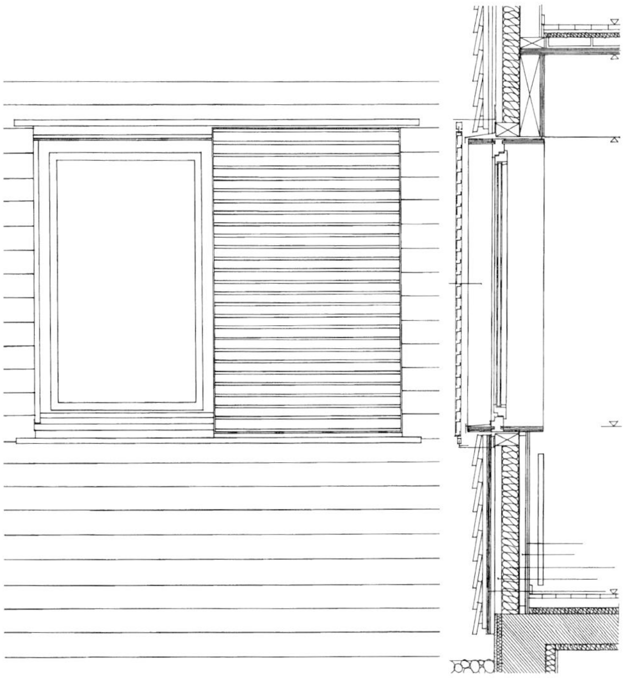

Fensterdetail

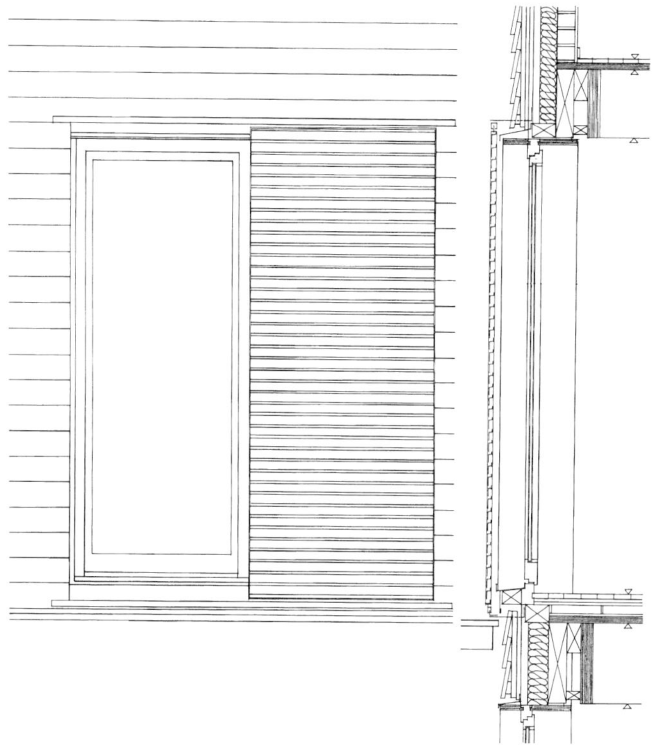

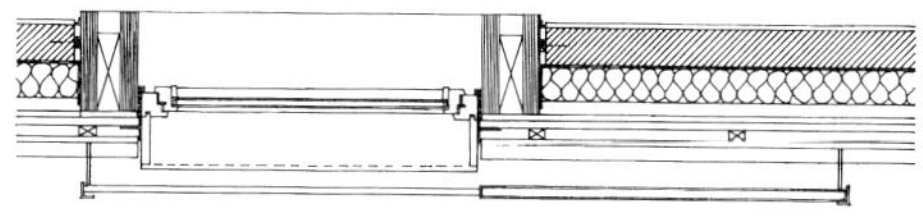

Türdetail M 1:20

Einflügelige Fenstertüre mit Metallschiebeladen

Ansicht Obergeschoß
Vertikalschnitt mit Balkonanschluß
Querschnitt mit Schiebeladen

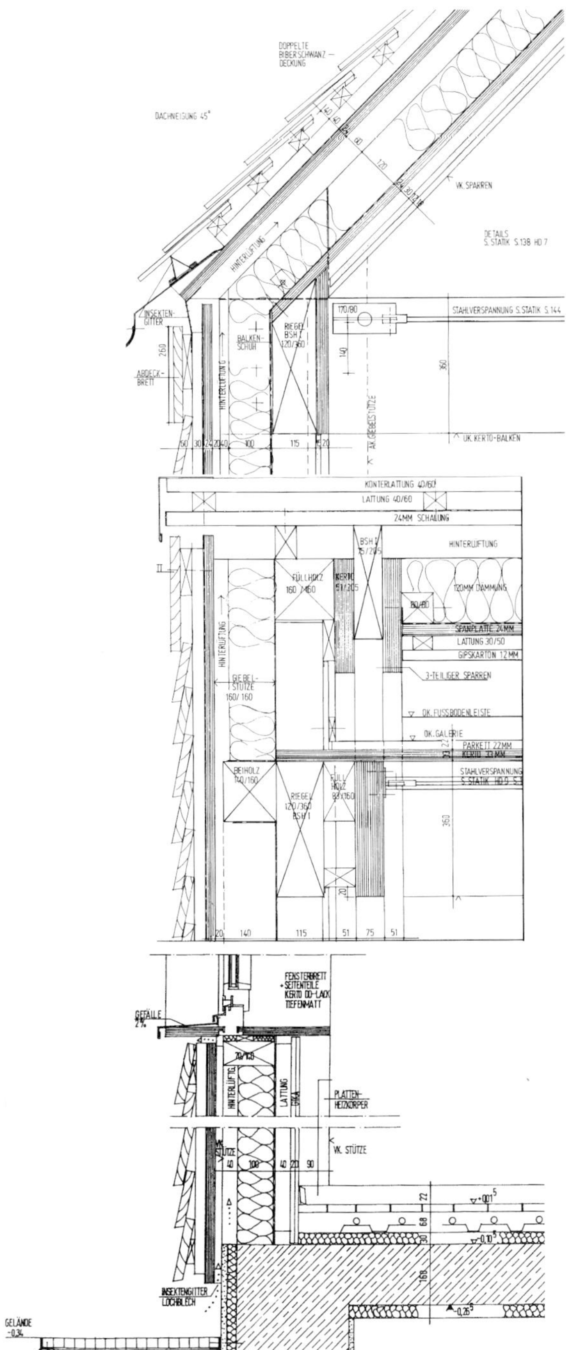

Wohnhaus in **Hammelburg**

Architekten: Veit Ruser + Partner, Karlsruhe

In sogenannten »Staffeln« stuft sich das Gelände der umgebenden Weinberge langsam ab, Stützmauern geben den erforderlichen Halt. Dieses ortstypische Motiv wurde zu einem zentralen Thema des Entwurfs gemacht. Das Gebäude orientiert sich längs zur Erschließungsstraße. Die über das gesamte Grundstück verlaufenden Betonmauern bremsen die fließende Bewegung des Hangs und teilen das Gelände in zwei unterschiedliche Zonen – die öffentliche der Straße und die private des Gartens. Darüber hinaus leiten die zueinander leicht schräggestellten Mauern auf den Eingang des Hauses hin, der mit einem verglasten Windfang leicht hervortritt.

Das Gebäude selbst wie auch die halböffentliche Zone des Eingangs und die Balkone auf der Süd-, West- und Ostseite genießen den Schutz eines weit überstehenden, langgestreckten Satteldachs. Es faßt die einzelnen Elemente zusammen und gibt dem Haus eine gewisse Gelassenheit. Auch dieses Motiv findet man in der Umgebung wieder – die typischen Schutzhütten der Weinbauern sind ähnlich konzipiert.

Betritt man das Haus über den Windfang, gelangt man direkt in den großzügigen Wohn- und Eßbereich mit offener Küche. Durch die »Splitlevel«-Bauweise paßt er sich dem Hang an und bietet einen herrlichen Blick auf das nahegelegene Schloß Saaleck. Eine Treppe führt auf eine eher introvertierte Wohngalerie. Mit einem sich leicht verengenden Flur, der durch ein großes Fenster im Westen belichtet wird, werden die privaten Bereiche des Hauses mit der Sanitärzone im Norden und den Schlafräumen nach Süden erschlossen.

Alle Aufenthaltsräume haben einen direkten Zugang nach außen – der Wohnbereich mit der großen Terrasse und dem Garten, die Schlafräume mit einem langgestreckten Balkon, die obere Wohngalerie mit einem zusätzlichen kleinen Balkon nach Osten.

Im Untergeschoß konnten die geforderten Büroräume untergebracht werden. Sie orientieren sich mit einem langen Fensterband zum Garten und können mit einer separaten Außentreppe erreicht werden.

Das Haus ist in Massivbauweise erstellt, die Decke über dem Erdgeschoß ist eine sichtbare Furnierschichtholzkonstruktion. Die Wände zwischen den Schlafräumen und dem Balkon sind in Holzständerbauweise ausgeführt. Das auf Stahlstützen aufgelagerte Dach ist mit 16 cm Isofloc gedämmt und mit Welleternit gedeckt.

Auch bei den Fassaden durften die Architekten »Farbe bekennen«. Die Straßenseite gibt sich mit der über die Fenster der Sanitärräume hinweggezogenen, auf Lücke gesetzten horizontalen Holzschalung von vornherein spürbar verschlossen. Vor die großzügigen Öffnungen der Schlafräume im Süden können bei Bedarf Schiebeläden gezogen werden. Das Haus leuchtet so inmitten der Weinberge.

Gartenseite

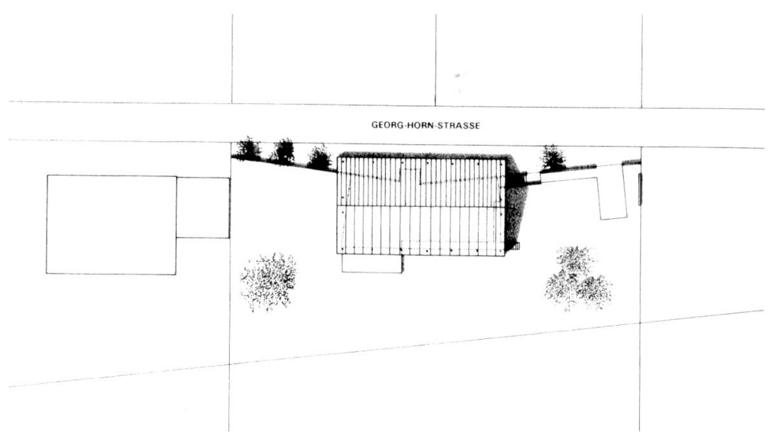

Lageplan

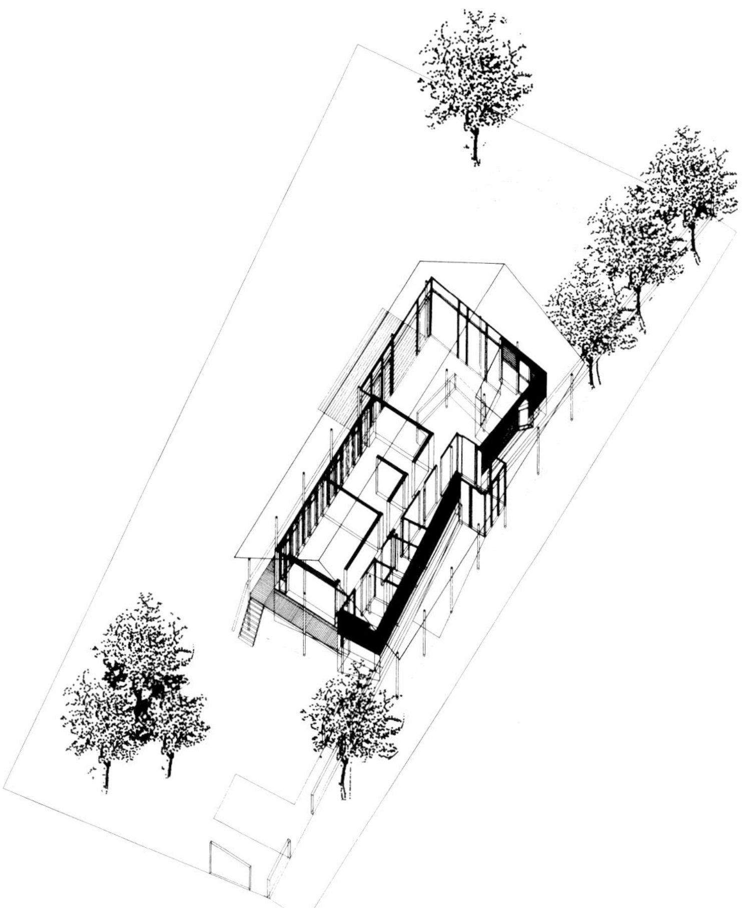

Isometrie

Eingangsseite

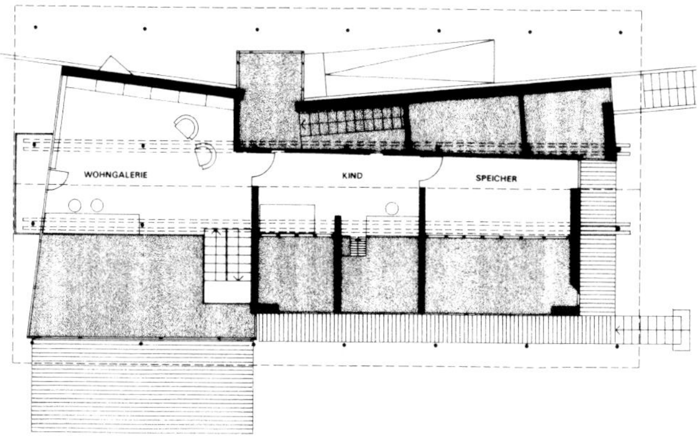

Dachgeschoß

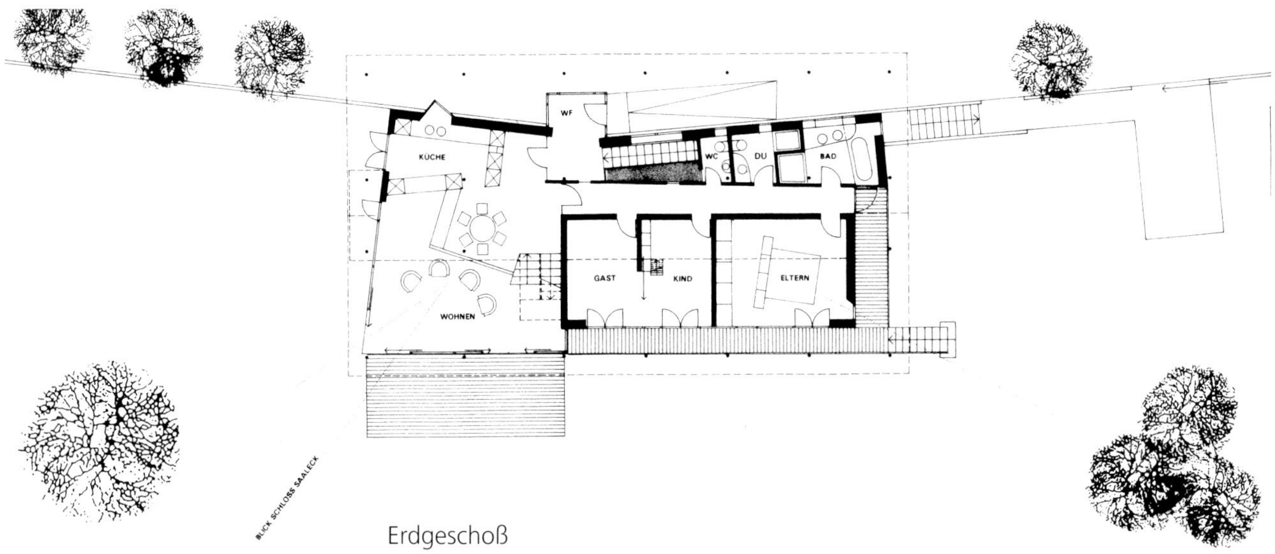

Erdgeschoß

Kellergeschoß M 1:300

Erdgeschoßräume

Treppenaufgang
und Dachraum

Bauherren:
Rosemarie und Manfred Gerlach, Hammelburg
Architekten: Veit Ruser + Partner, Karlsruhe
Mitarbeiter: Stefan Kamm (Projektleiter), Astrid Loquai
Tragwerksplanung: Haag und Klarmann, Karlsruhe
Nutzfläche: 259 m²
Baukosten: 700 000 DM
Fertigstellung: 1996

Innenfenster zur Treppe

Kinderzimmer mit Galerie

Wohnhaus in Mailing

Architekt: Andreas Mühlbauer, Ingolstadt

Das Haus hat eine besonders reizvolle Lage. Nördlich und östlich grenzt an das Baugrundstück städtebauliches Niemandsland, auf dem sehr heterogene Vorstellungen vom Bauen und Wohnen und ebensoviele Stilrichtungen aufeinandertreffen.

Doch westlich und südlich vor dem Haus liegt ein kleiner aufgelassener Baggersee, der heute der Naherholung dient.

Daher versucht der Entwurf, das Haus vom völlig zersiedelten Umfeld weg und hin zum Freiraum auszurichten. Die Verwendung von Holz als hauptsächlichem Baumaterial war für die Familie, die Floßfahrten organisiert, selbstverständlich. Genauso beharrlich bestand die Bauherrin als leidenschaftliche Gärtnerin auf einem extensiv begrünten Dach.

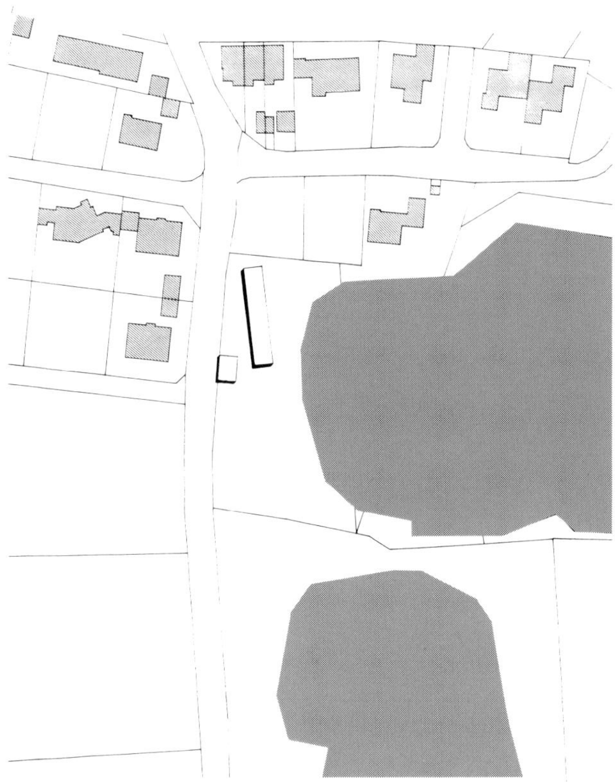

Lageplan

Eingangs- und Seeseite
rechts: Blick auf den See

Im Kellergeschoß

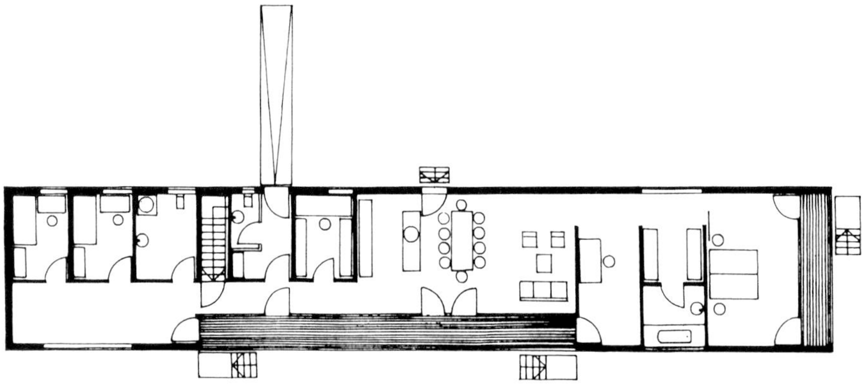

Erdgeschoß

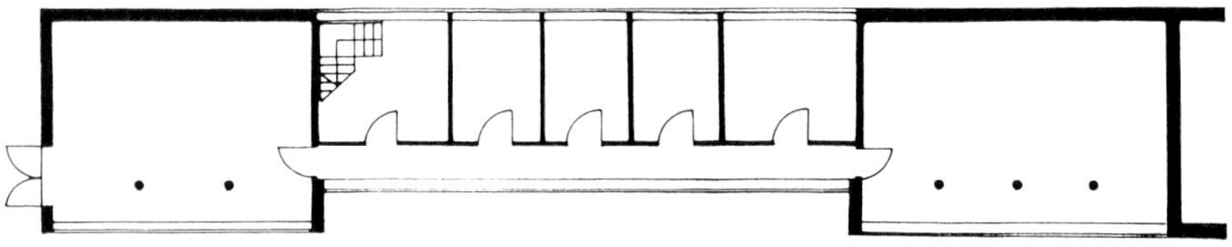

Kellergeschoß M 1:300

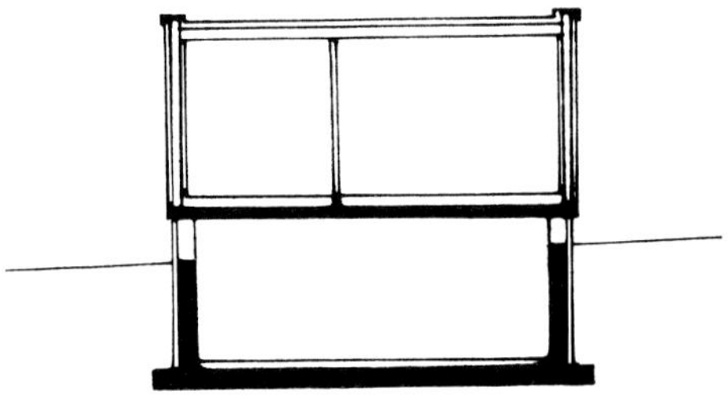

Schnitt 1:200

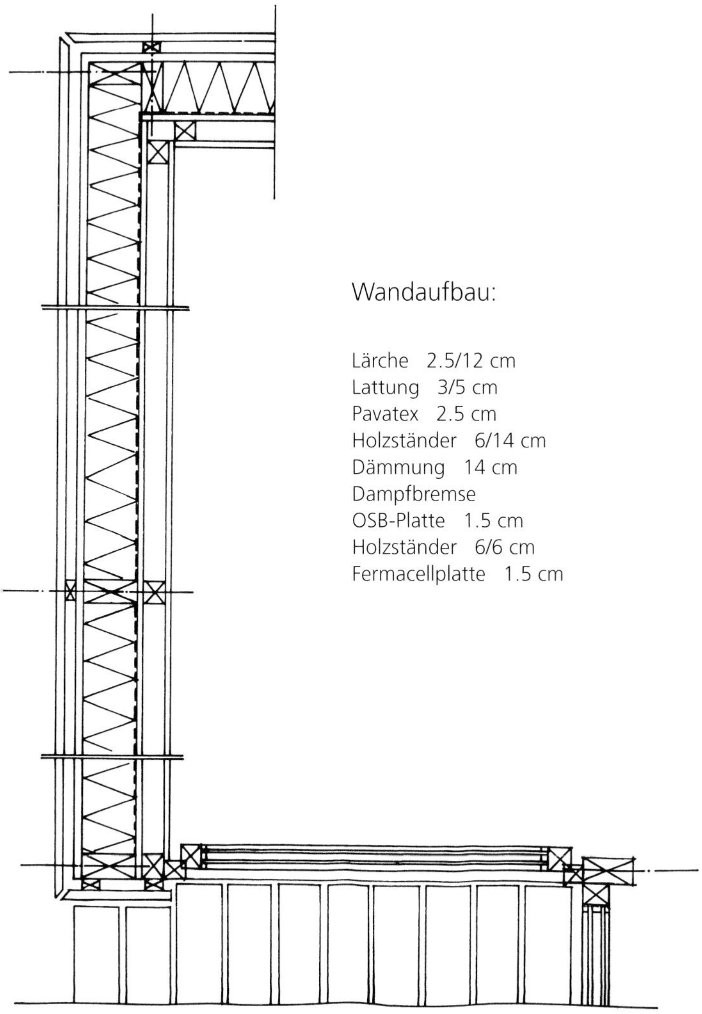

Wandaufbau:

Lärche 2.5/12 cm
Lattung 3/5 cm
Pavatex 2.5 cm
Holzständer 6/14 cm
Dämmung 14 cm
Dampfbremse
OSB-Platte 1.5 cm
Holzständer 6/6 cm
Fermacellplatte 1.5 cm

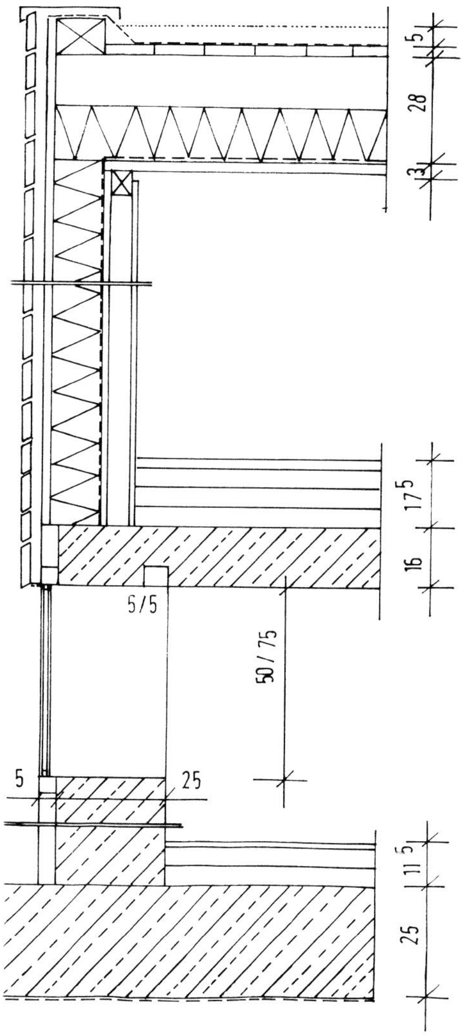

Dachaufbau:

Extensive Dachbegrünung
Granulat 5cm
Folie
Sägerauhe Bretter
Leimbinder 14/28
Dämmung
Dampfbremse
Kaufmannplatte

Enfilade der Räume

Bauherrin: Familie Birner, Mailing
Fertigstellung: 1996

Wohnhaus in Köln-Sürth

Architekt: Wolfgang Felder, Bau Coop Köln

Das Haus steht in der Bahnhofstraße, einer ruhigen, überwiegend mit Einfamilienhäusern bebauten Wohngegend in Köln-Sürth. Das Grundstück ist 540 m^2 groß und konnte mit einer GRZ von 0,2 bebaut werden. Dies ergibt eine Nutzfläche von 140 m^2. Die Baukosten wurden mit 700 000 DM veranschlagt. Es galt, auf engstem Raum alle Wohnbedürfnisse unterzubringen und trotzdem dem Haus eine großzügige Wohnsituation zu geben.

Zudem war gefordert, dem Einfamilienhaus, das auf einem relativ kleinen Grundstück liegt und von drei Seiten eingesehen werden kann, eine gewisse Intimität zu verschaffen.

Zur Wohnstraße hin schirmt ein Stück Sichtbetonwand das Grundstück ab, wodurch ein Übergangsraum zwischen Haus und Straßenraum entstand.

Das Haus selbst wurde U-förmig konzipiert, um im Inneren einen besonnten Sitzplatzbereich zu bekommen. Die einzelnen Wohnfunktionen sind auf den großen gläsernen Eßbereich hin orientiert.

Der offene gläserne Mittelbereich ist für die tägliche Alltagsnutzung mit Essen und Sitzen mit den Kindern gedacht und vermittelt ein Gefühl von Großzügigkeit und Geräumigkeit. Das Wohnzimmer ist in den Maßen so angelegt, daß sowohl eine offene Kaminnutzung als auch ein abendliches entspanntes Zusammensitzen möglich ist.

Im Obergeschoß ist der Elternschlafbereich mit dem Kinderschlafbereich über einen Steg verbunden.

Als Außenmauerwerk wurde Poroton voll vermauert verwendet. Im Erdgeschoß ist eine Fußbodenheizung unter dem Eichenschiffsparkett verlegt. Im Obergeschoß befinden sich konventionelle Heizkörper, der Bodenbelag besteht ebenfalls aus Eichenschiffsparkett. Die Wände sind verputzt und weiß geschlämmt.

Das Dach ist als Zinkdach konzipiert.

Die Holzfenster sind dunkelblau gestrichen. Der Verbindungssteg ist den »gratings« im Schiffsbau nachempfunden.

Eingangshof

Gartenansicht

Straßenansicht

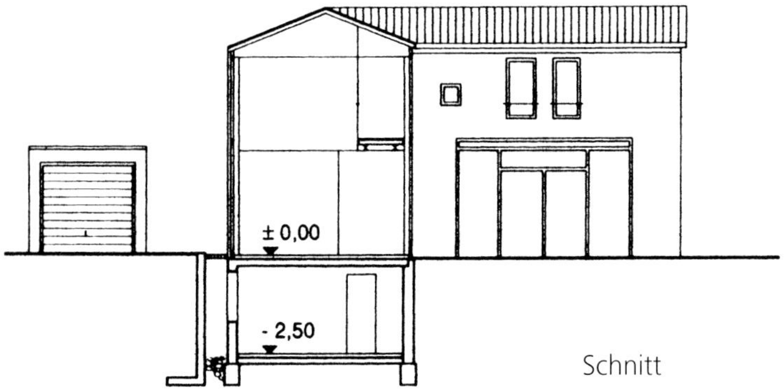

Schnitt

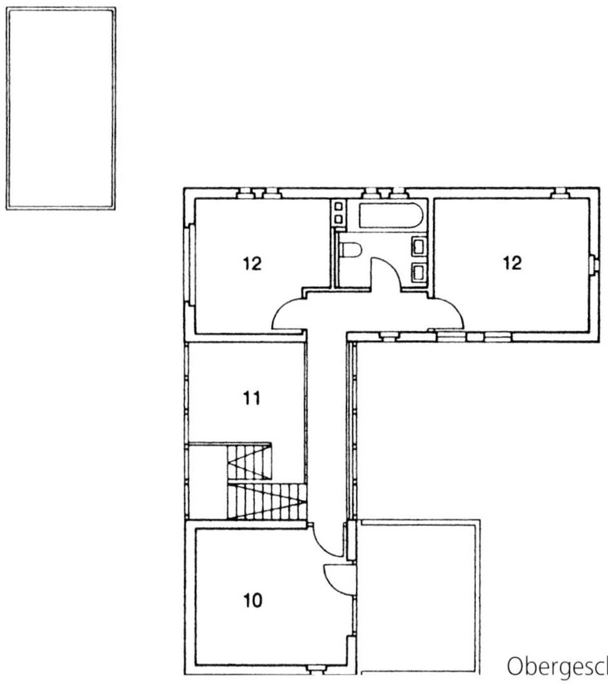

1 Diele
2 Gästezimmer
3 Eßzimmer
4 Küche
5 Abstellraum
6 Wohnraum
7 Garage
8 Abstellräume
9 Schuppen
10 Schlafraum
11 Luftraum
12 Kind

Obergeschoß

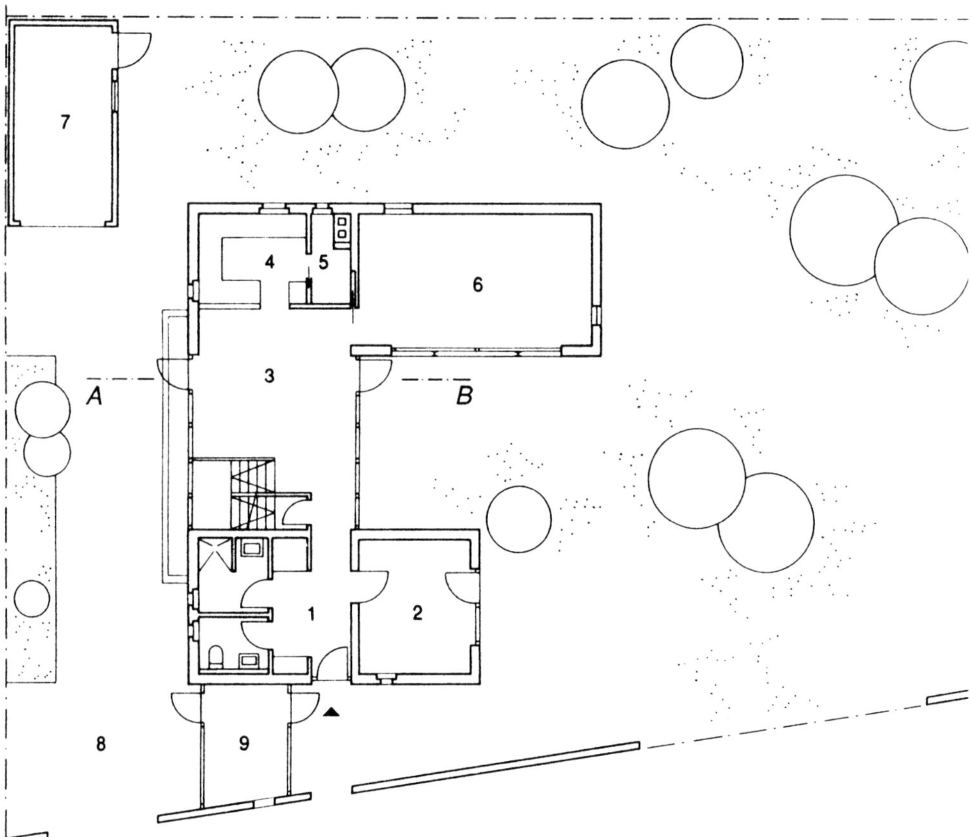

Erdgeschoß M 1:200

Blick aus dem Wohnraum
auf die Eingangshalle

Terrasse vor der Eingangshalle

Bauherr: Ottmar Gast, Aschaffenburg
Mitarbeiterin: Anke Niehling
Statik: Konstruktionsgruppe für Bauwesen, Köln
Fertigstellung: 1995

Wohnhaus in Bretten-Ruit

Architekten: Veit Ruser + Partner, Karlsruhe

Der Weg durchs Haus beginnt vor dem verglasten Garagentor, führt an sämtlichen Räumen vorbei und endet im Elternbadezimmer. Erschließung heißt in diesem Haus nicht nur »zugänglich machen«, sondern auch »sich öffnen« und »entdecken«.

Dem Haus ist mit einer großen Sichtbetonscheibe eine zweite Schicht vorgelagert. Zwischen dieser und der eigentlichen Außenwand führen vier Stufen bis zum Eingangspodest mit der Haustür hinauf. Der so erzeugte, mit Glas überdeckte Bereich ermöglicht einen schrittweisen Übergang zwischen innen und außen und bietet damit auch die notwendige »Schwelle« zwischen Öffentlichkeit und Privatheit. Auf dem Eingangspodest angekommen, erlaubt eine große Fensteröffnung einen ersten Blick in die Küche.

Durch die geöffnete Haustür betritt man nun die Diele, in der man einen Moment lang verweilen muß – von hier aus läßt sich das gesamte untere Wohngeschoß überblicken: rechts die offene, helle Küche, daran anschließend der Eßplatz und eine kurze Rampe, die zu einem großräumigen Wohnbereich, in den tief die Abendsonne scheint, hinunterleitet. Der Boden ist aus einem einfachen, grauen Zementestrich – der Gehweg wird praktisch »veredelt« im Gebäude fortgeführt. Durch die geschickte Stellung der massiven, weiß verputzten Außenwände ist die Sicht auf die umgebenden Häuser verdeckt, und nur das üppige Grün des Gartens kann durch die raumhohen Fensteröffnungen wahrgenommen werden. Der Außenraum wird durch die geöffneten Schiebefenster »nach innen geholt«, von der Nachbarschaft ist nichts zu spüren.

Der Weg führt mit der Rampe hinunter, links ist die Treppenanlage mit einem eingepaßten Bücherregal als Absturzsicherung versehen. In den Wohnbereich schiebt sich die »Vitrine«, ein Wintergarten mit direktem Zugang zur Garage.

Steigt man die Treppe hoch, erreicht man bereits nach vier Stufen ein Zwischenpodest, das ein weiteres Mal zum Verweilen einlädt und der Orientierung vor dem erneuten Richtungswechsel dient. Immer wieder bieten sich Ein-, Aus- und Durchblicke, ständig läßt sich in dem Haus Ungewohntes entdecken. Die Treppe führt weiter nach oben und erschließt zunächst ein Duschbad und ein Kinderzimmer mit Aussicht auf eine nahegelegene Pferdekoppel. Beim nächsten Treppenabsatz hat man über einen Luftraum schließlich wieder den direkten Bezug zur unteren Ebene mit Eßplatz und Küche. Mit einer weiteren Drehung nach links erreicht man einen schmalen, durch ein Oberlicht erhellten Gang, in dem sich ein großer Einbauschrank befindet. Das Elternschlafzimmer kann man durch zwei Schiebetüren über Eck betreten. Auch hier bietet sich ein ungewöhnlicher Durchblick bis ins Kinderzimmer. Die an das Schlafzimmer angeschlossene Galerie mit der ins Geländer integrierten Holzplatte dient den Bauherren als Arbeitsplatz, von dem aus sie über einen Luftraum mit dem unteren Wohnbereich verbunden sind. Am Ende des Wegs durch das Gebäude und zugleich in dessen privatestem Bereich liegt das Elternbad. Hier wurde eine Wanne in den Boden eingelassen, die im Luftraum über dem Wintergarten zu schweben scheint.

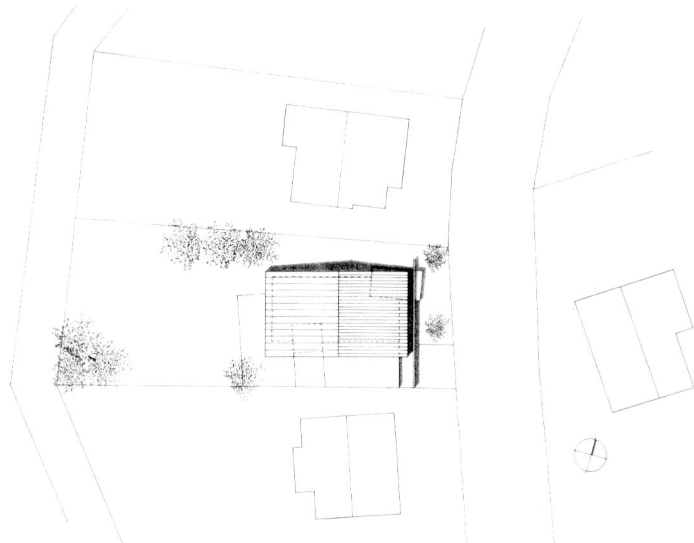

Lageplan

Straßen- und
Gartenansicht

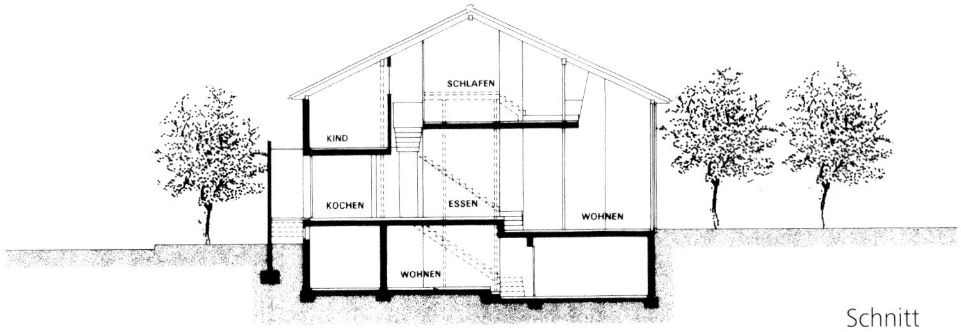

Schnitt

Dachgeschoß

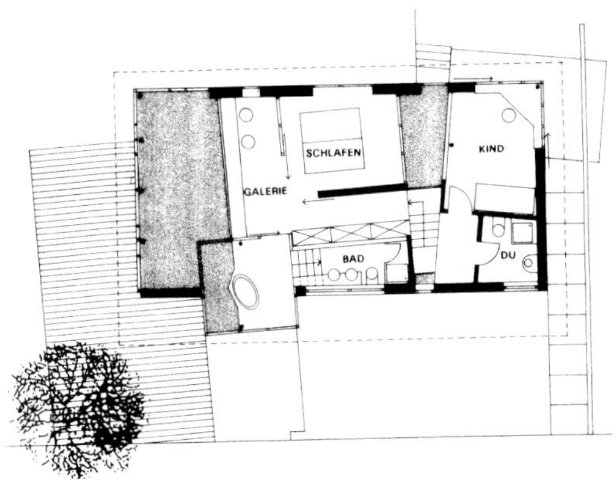

Erdgeschoß

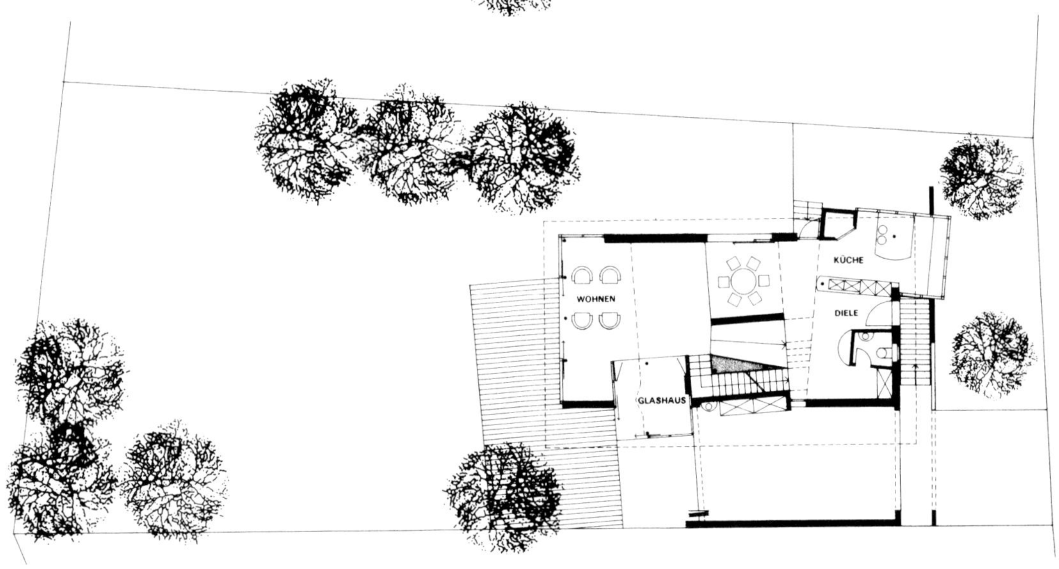

Kellergeschoß M 1:200

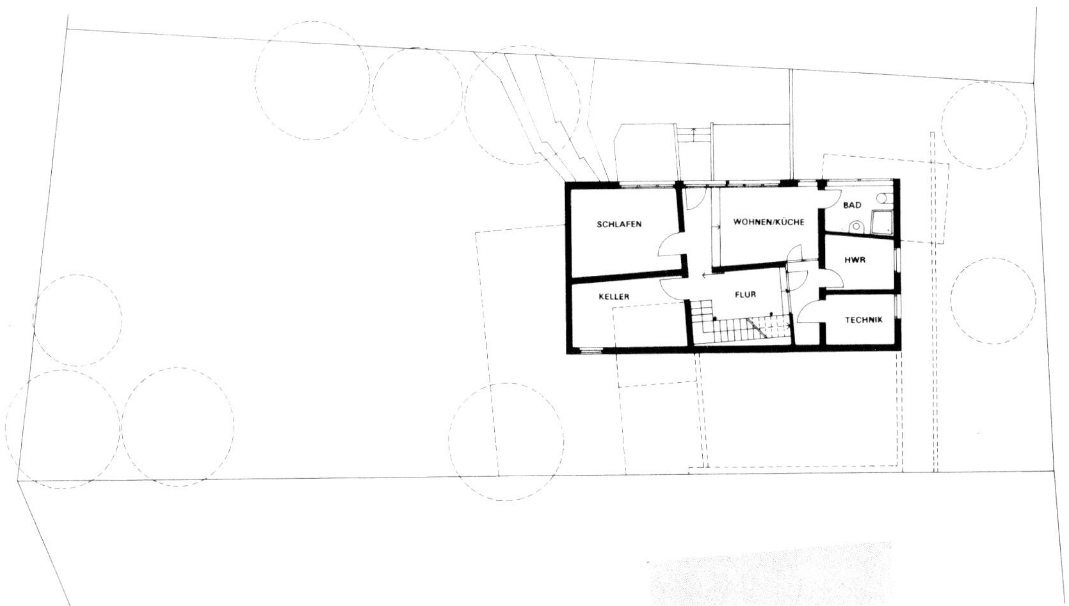

Wohnraum mit Galerie

Bad und
Küche

Wohnhaus in Aalen

Architekt: Josef Lenz, Stuttgart

Das räumlich großzügige Einfamilienhaus in landschaftlich reizvoller Lage erteilt, insbesondere durch seine innere, klare Struktur sowohl in der Grundrißausbildung wie auch im Volumen, der lärmenden »Sattel-Dach-Gaupen-Architektur« eine bittere Lektion. Es ist ein einfaches Wohnhaus, das in der Tradition der Moderne steht.

Der Wunsch der Bauherren nach einem zeitgemäßen Wohnhaus mit extrem guten Energiedaten – ohne daß dies überdeutlich sichtbar wird – war der Ausgangspunkt des Entwurfs.

Der Grundriß ist der Schlüssel zum Baukörper. Die Beziehungen zwischen Körper und Raum bestimmen die Oberflächen der Wände, Flächen und Linien das Spiel des Lichts. Die Disziplin des Grundrisses und die Abstraktion des Baukörpers (seine Einfachheit) werden zur Synthese. Architektur ist Ereignis, ist Dynamik des Sehens.

Der Grundriß wirkt von innen nach außen, eine Harmonie von Licht und Schatten differenziert die Räume. Ihre Leichtigkeit entsteht an ihren Übergängen.

Die strenge geometrische Form dieses Einfamilienhauses setzt einen klaren Akzent zur kargen, aber dennoch unterschiedlichen Landschaft der Ostalb mit Streuobstwiesen, Nadelwäldern und Heideflächen. Diese klare Struktur wirkt auf die Freiflächengestaltung ein und gliedert den Garten in drei Bereiche, die dem Inneren zugeordnet sind. Der kubusartige Baukörper zeigt sich nach Norden fast geschlossen, nur die Südwestseite öffnet sich zur Sonne hin. Die Leichtigkeit des Innenraums resultiert aus dem vielfältigen Ausblick auf die Landschaft und aus der abwechselnden Überlagerung der Wandflächen.

So gestaltet sich der Wechsel zwischen außen und innen zu einem Übergang vom Geschlossenen zum Offenen. Der Eingangsbereich, eine rechteckige Öffnung in der Nordansicht, definiert deutlich eine Erschließungsachse quer durch das Gebäude, von der aus alle Räume des Hauses zugänglich sind. Der einfachen, klaren Struktur der Organisation, der räumlichen Einteilung des Gebäudes, folgt auch die Wahl der Materialien. Die Oberflächen – innen wie außen – unterscheiden sich durch den Gebrauch der Räume. Die Materialien bestimmen die Farbigkeit des Gebäudes.

Die Auswirkungen verschiedener baulicher, lüftungstechnischer und nutzungsbedingter Variationen während der Entwurfsphase, waren ein Teil der Anforderungen – im Hinblick auf die thermische Behaglichkeit im Wohnhaus –, die uns wichtig schienen. Den Berechnungen des Heizenergiebedarfs und der zu erwartenden Lufttemperaturen im Inneren lagen die Wetterdaten der Wetterstation Hof zugrunde. Zur Simulation des thermischen Verhaltens des Gebäudes wurde das Programm »suncode.pc« angewandt, da dieses Programm als einziges Material, Nutzerverhalten, Standort und Entwurfsparameter in die energetischen Bedarfsberechnungen aufnehmen kann. Auch die Möbel wurden von dem Stuttgarter Büro entworfen. Sie sind ebenso klar und einfach in der Funktion und Form, weisen jedoch einen hohen handwerklichen Anspruch in der Ausführung auf.

Gartenseite

Lageplan

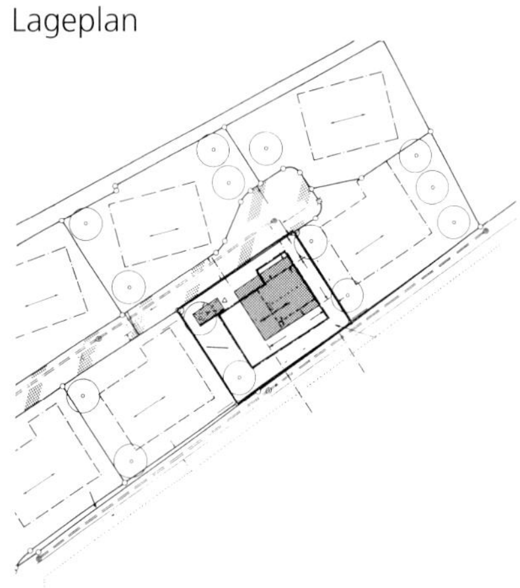

Hauseingang

Terrasse

Straßenperspektive

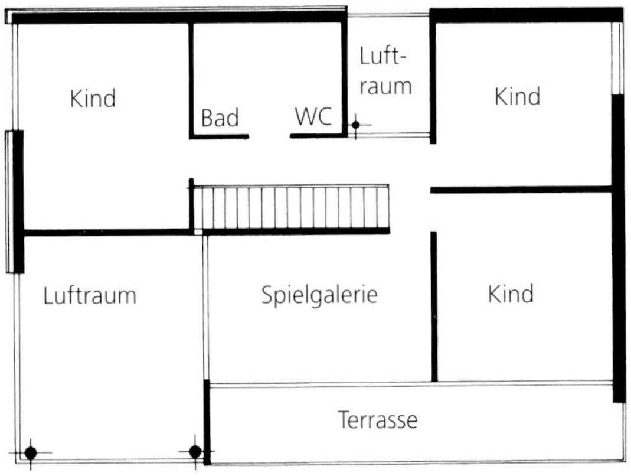

Obergeschoß

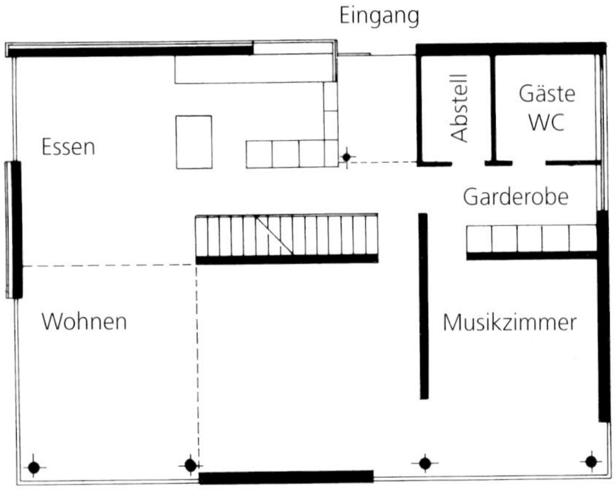

Erdgeschoß M 1:200

Treppenblicke

Bauherren: Andrea und Harold Eisele, Aalen
Mitarbeit: Bernd Schweizer, Sophia Thiele, Jolanda Girsberger, Klaus Fleisch, Peter Haug
Statik: Ingenieurbüro Klaus Tompert, Stuttgart
HLSE-Planung: Trippe + Partner, Karlsruhe
Energie-Simulation: Universität Stuttgart, Institut für Bauökonomie, Professor Horst Küsgen
Bauleitung: Peter Kayser, Aalen
Wohnfläche: 247 m²
Baukosten: 750 000 DM

Wohnraum

Eingangsbereich

Wohnhaus in **Lützelbach/Odenwald**

Architekten: Beckenhaub + Hohm, Bad König

Das 633 m² große Grundstück befindet sich an einem Südhang in der Gemeinde Lützelbach im Odenwald. Auf dem Grundstück befand sich kein nennenswerter zu erhaltender Baumbestand. Die Erschließung des Geländes erfolgte hangaufwärts. Durch den Bebauungsplan (Baulinien) war man gezwungen, das gesamte Gebäude in Richtung Straße zu rücken, wodurch ein beträchtlicher Teil der nach Süden ausgerichteten Freiflächen vor dem Wohnbereich verloren ging.

Das Einfamilienhaus ist im wesentlichen durch einen Geschoßversatz im Treppenhaus gegliedert. Für die Eheleute, die Kinder und die Großmutter sowie für die Notpraxis wurden eigenständige Bereiche geschaffen. Zu zwei Dritteln wird das Haus den Eheleuten und den damit verbundenen Allgemeinbereichen (Wohnen, Essen, Kochen etc.) zugeordnet. Im letzten Drittel befinden sich die weiteren Einheiten (Kinder, Großmutter, Notpraxis), welche in sich immer einen abgeschlossenen Bereich darstellen.

Die filigran gehaltene Treppe wirkt bewußt als Hemmschwelle für Fremde. Die Patienten, die in der Notpraxis im Erdgeschoß behandelt werden, kommen so mit den eigentlichen Intimbereichen der Familie nicht in Kontakt. Der eigentliche Hauptbereich mit Wohnen, Essen, Galerie und interner Treppe erstreckt sich vom Erdgeschoß bis zum Dach und erhält dadurch einen großzügigen Charakter. Von diesem Teil ist auch der eigentliche Keller des Gebäudes zu begehen.

Bedingt durch die örtliche Gegebenheit – ein alter Bauernhof mit Feldscheune und Silo befindet sich im rechten unteren Hangbereich zum Baugrundstück – wurde beim Entwurf bewußt auf Stilmittel der Umgebung zurückgegriffen. So stand das Thema »Alte Feldscheune« im Vordergrund, eine Scheune, die sich in einen Hauptkörper und diverse untergeordnete Anbauten gliedert, die im Laufe der Zeit hinzukamen.

Die formale Interpretation dieses Themas resultierte in der funktionalen Gliederung des Wohnhauses in Haupthaus, Anbau, Vordach und Turm und in der Übernahme von Details und verwendeten Materialien an den Dachflächen oder Außenwänden: Als Dachdeckung für den Hauptkörper wurde ein anthrazitfarbener Tegalithziegel verwendet, die Anbauten wurden mit Zinkblech gedeckt, und das Treppenhaus wurde mit einem Dachlichtelement versehen. Die Außenwände wurden teilweise mit Porotonziegeln und Hohlblocksteinen gemauert. Im Bereich der Hohlblocksteine wurde eine Thermohaut als Vollwärmeschutz aufgebracht. Verputzt wurde mit 1,5 mm Putz, weiß gestrichen. Lediglich der Turm ist mit einem sandsteinfarbenen Anstrich versehen, der aus dem ortsüblichen Boden gewachsen scheint.

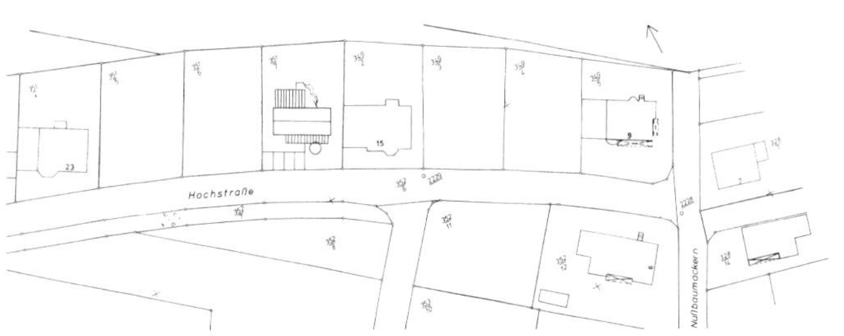

Lageplan

Ansicht von Westen

Straßenansicht

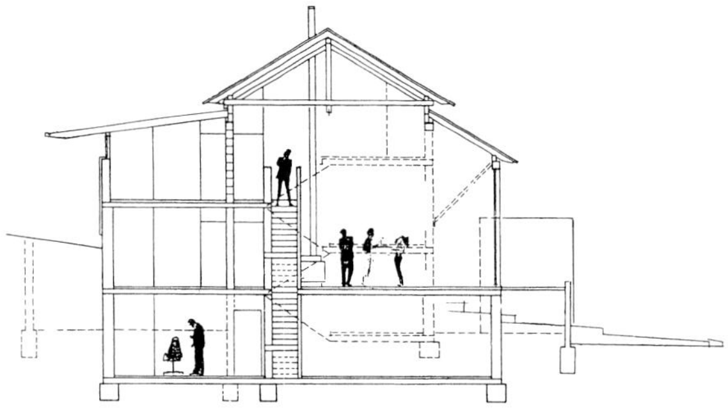

Schnitt

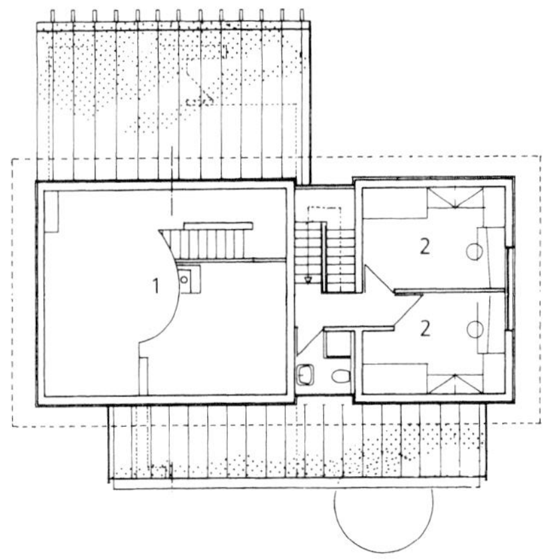

Dachgeschoß

1 Luftraum
2 Kinderzimmer

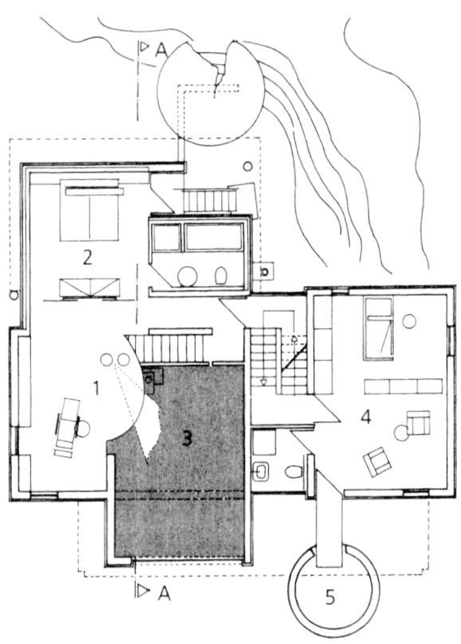

Obergeschoß

1 Galerie
2 Schlafzimmer
3 Luftraum
4 Einliegerwohnung
5 Terrasse

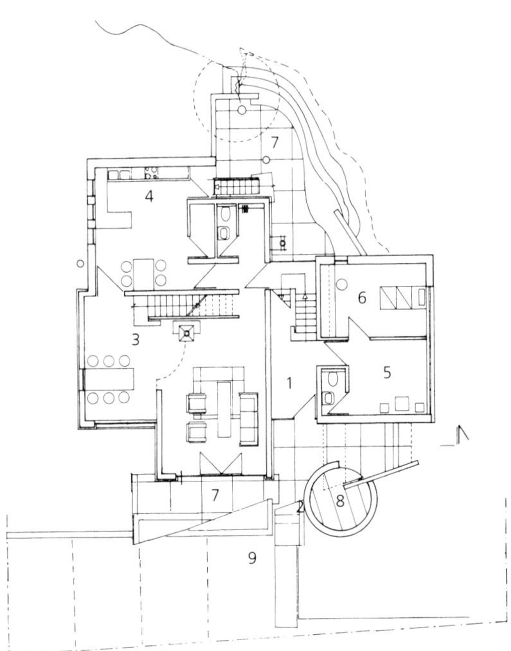

Erdgeschoß M 1:300

1 Diele
2 Wohnraum
3 Eßzimmer
4 Küche
5 Gästezimmer
6 Gästezimmer
7 Terrasse
8 Gartengeräteraum
9 Pkw-Abstellplätze

Der Treppenspalt von außen

Treppenblicke

Bauherren: E. + R. Lickroth, Lützelbach
Baukosten: 820 000 DM
Fertigstellung: 1994

Wohnhaus in Beckum

Architektin: Silvia Gündermann, Frankfurt/Main

Wenige Kilometer von Münster (Westfalen) entfernt liegt die Kleinstadt Beckum. Das Stadtbild ist von alten Backsteingebäuden und neuen verputzten Massivbauten geprägt.

Aufgrund der Größe und Form des Grundstücks war es notwendig, das Haus ganz nah an die Straßenseite zu plazieren, so daß auf der Südseite genug Platz für den Garten frei blieb. Die gestalterische Seite des Entwurfs konzentriert sich auf eine einfache Gesamtform, strebt gleichzeitig aber auch eine künstlerische Erscheinung an.

Die Grundform des Hauses – das Quadrat – erscheint an verschiedenen Stellen in der Fassade wieder. Ein aus der Wand ragendes Betonquadrat markiert den innenliegenden Eingang.

Strenge und Geschlossenheit werden durch großzügige Verglasungen und die Auflösung der Süd-West-Ecke aufgehoben. Das Spiel von Licht und Schatten, wie am Eingang und der zurückgesetzten Eckverglasung, belebt die Fassade.

Das Dach schiebt sich hinter den Außenwänden hervor, statt sich wie eine vor Wind und Regen schützende Haube über die äußere Hülle zu legen. Damit unterscheidet es sich von der herkömmlichen Vorstellung, wie ein Walmdach auszusehen hat. Obwohl das Dach eine gestalterische Besonderheit darstellt, wirkt es nicht provokativ. Blickfang ist die Wandgestaltung.

Das Haus versucht nicht, sich im Straßenbild spektakulär abzuheben. Die zurückhaltende Fassadengestaltung erlaubt eine Einbindung des Hauses in die kleinstädtische Umgebung.

Im Inneren sind öffentlicher und privater Bereich streng voneinander getrennt. Die Treppe dient als Puffer zwischen diesen beiden Zonen. Im vorderen Bereich befinden sich die Nutzräume (Küche, Büro). Hinter der Treppe eröffnet sich dem Besucher ein lichtdurchfluteter Wohnraum. Die über Eck gezogene Süd-West-Verglasung bietet einen Ausblick in den Garten. Der offene Wohnraum wirkt durch das Vor- und Rückspringen von Wandelementen sehr spannungsreich.

Der klare Grundriß läßt viel Freiheit bei der Innenraumgestaltung. Die hellen, schlichten Räume machen das Haus überschaubar.

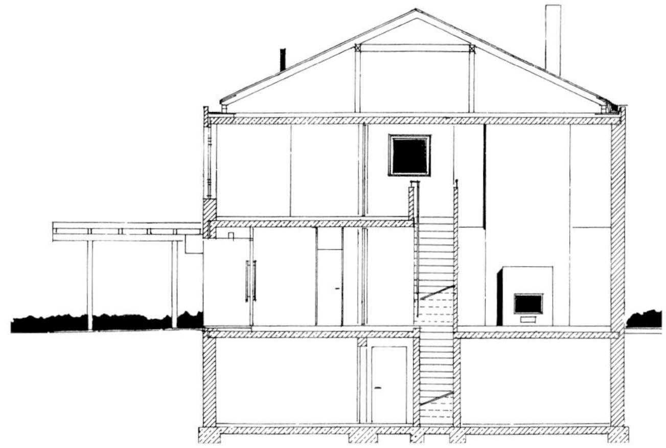

Schnitt

1 Schlafen
2 Luftraum
3 Bad
4 Lesen
5 Schlafen

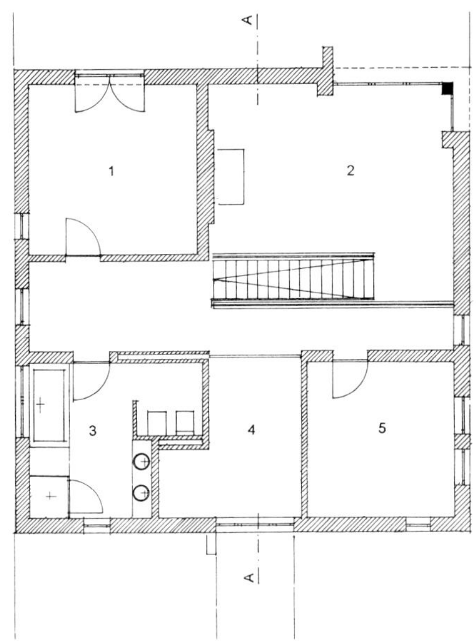

Obergeschoß

1 Essen
2 Wohnen
3 Küche
4 WC
5 Abstellen
6 Abstellen
7 Büro

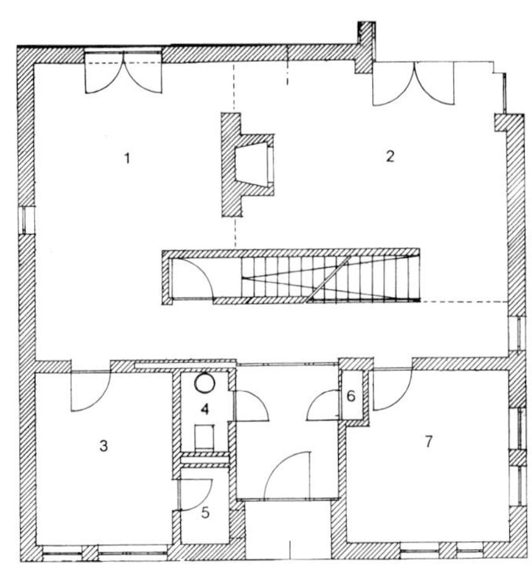

Erdgeschoß M 1:200

Straßenfassade

Gartenseite

Innenräume

Wohnhaus in Köln

Architekt: Thiess Marwede, Köln

Die starke Hanglage und die Ost-West-Orientierung des Grundstücks dominieren, so daß im Splitlevel fünf Wohnebenen entstehen. Der Zugang zum Haus erfolgt straßenseits auf Erdgeschoßhöhe, auf der ebenfalls eine Gästegarderobe und ein WC liegen sowie eine große Küche mit Wintergarten (Westseite), die durch ein Büro an die Garage anbindet. Von der Küche und der Diele aus erschließt sich ein Speisezimmer mit überdachtem Balkon und Panoramablick zum Rheintal. Ein großes Wohnzimmer mit offenem Kamin und Wintergarten (Ostseite) schließt sich offen, um eine halbe Ebene versetzt, daran an. Ein Aufzug verbindet alle Ebenen. Im Obergeschoß, das als Aussichtsgeschoß durch einen großen Wohnschlafraum mit umlaufendem Balkon genutzt werden kann, befinden sich außerdem ein separates Ankleidezimmer, ein Dusch-WC, ein großes Bad sowie ein kleines Kinder- oder Arbeitszimmer. Ein großer Balkon zur Straßenseite (Westen) liegt in der Abendsonne.

Auf der Gästeebene wurden ein Schlafzimmer mit Duschbad sowie einige Abstellräume vorgesehen. Die nachfolgende Ebene – die Gartenebene – enthält ein Musikzimmer mit Empore, die als Bibliothek eingerichtet ist. Daneben entstand eine Einzimmerwohnung mit Wintergarten und separatem Zugang über eine eigene Außenterrasse an der Nordseite.

Die Dachform war als Sattel- oder Walmdach örtlich durch den Bebauungsplan vorgeschrieben. Hier wurde ein Walmdach in klassischer Schieferdeckung auf einer Schattenfuge in Zink konzipiert, das gestalterisch im Detail dem Walmdach des benachbarten Hauses, das gleichfalls von Thiess Marwede gebaut wurde, entspricht. So sollte ein Zusammenhang zwischen den beiden Einfamilienhäusern im städtebaulichen Sinne hergestellt und im Detail sichtbar gemacht werden.

Gartenweg

Lageplan

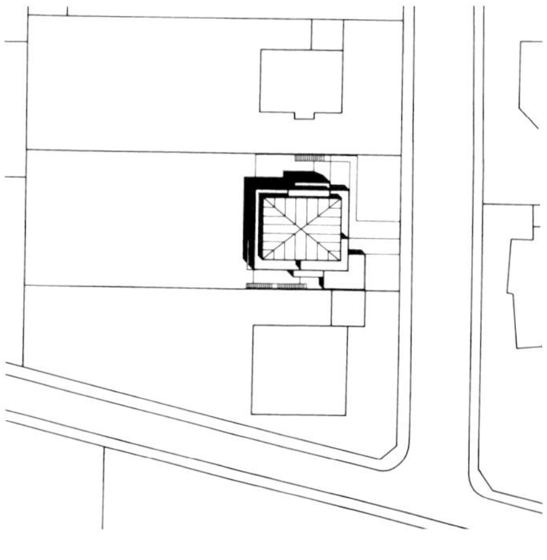

Westseite

Ostseite

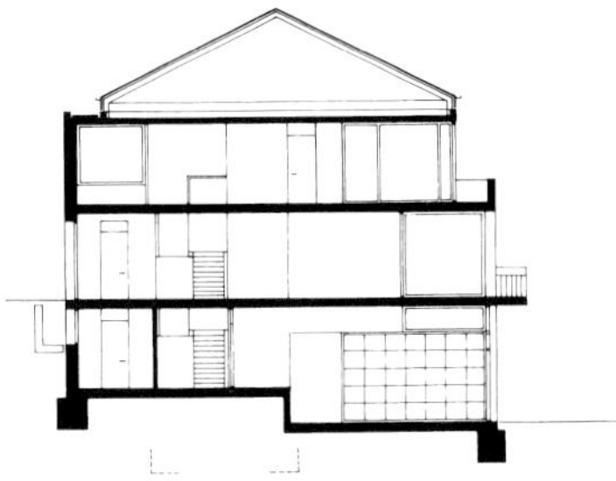

Schnitt

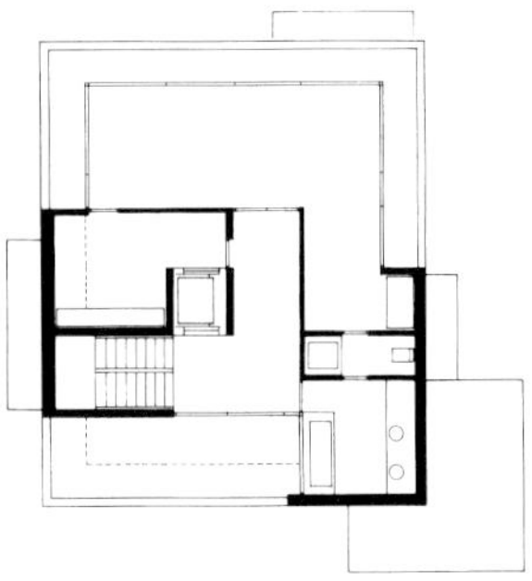

Obergeschoß

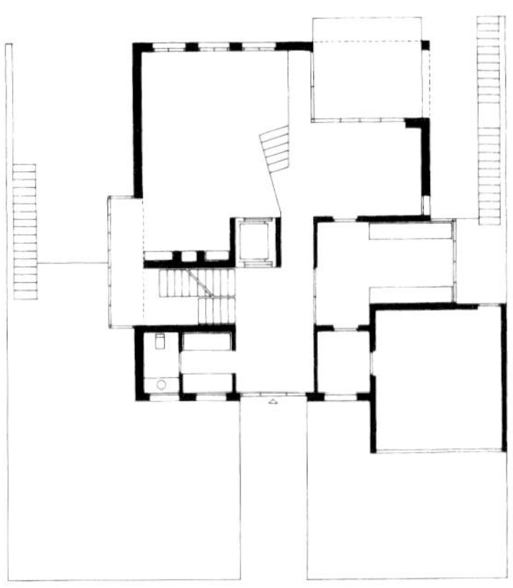

Eingangsgeschoß

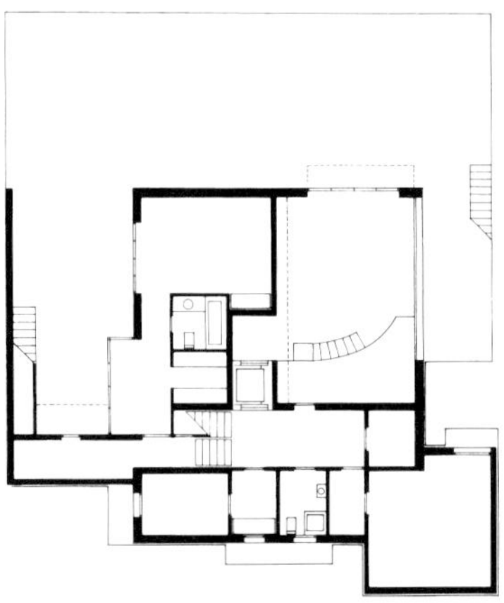

Gartengeschoß M 1:300

Wohnraum im Eingangsgeschoß

Treppenhaus

Bauherr: privat
Fertigstellung: 1994

Doppelwohnhaus in Lahr

Architekt: Jürgen Grossmann, Bühl

Die Anlage setzt sich aus drei Gebäuden zusammen: Haus 1 ist ein Gebäude im bürgerlichen Stil, Haus 2 eine alte Villa, Haus 3 ein altes Fabrikgebäude. Haus 1 wurde zu Wohn- und Praxisräumen umgebaut – die Außenfassade stilgerecht restauriert – ebenso wie die Villa, welche dem Inhaber als Bürogebäude dient.

Das alte Fabrikgebäude bietet eine Nutzfläche von 750 m^2. Hier sind zwei Wohneinheiten untergebracht: die des Sohnes mit 150 m^2 und die des Bauherrn mit 600 m^2. Durch die zur Straße hin versetzte Lage des Fabrikgebäudes entstand ein Innenhof, der durch eine Mauer von der Straße abgegrenzt wurde. Eine Brücke überquert ein Wasserbecken und führt zum Eingang. An dieser Stelle wurde das Gebäude vom Eingangsgeschoß bis zum Dachgeschoß völlig entkernt. Eine Treppenskulptur, die frei im Raum steht, verbindet die einzelnen Geschosse mittels Brücken und Galerien. Ebenso wurde ein Platz für eine Skulptur von Alfred Hrdlicka vorgesehen. Von der Halle hat man nach rechts Einblick in die Garage bis hin zum Schwimmbad und nach links in den Flur, der zum Weinkeller führt. Im Eingangsgeschoß befinden sich des weiteren ein Gästezimmer mit Bad sowie ein Koch-/Hauswirtschaftsraum. Die Gebäudetechnik befindet sich im Keller.

Das Erdgeschoß wurde ebenfalls völlig entkernt, lediglich die rhythmisierenden Fensteröffnungen in der Rückseite des Gebäudes wurden in Anordnung und Format belassen. Drei Stützen tragen das Dachgeschoß. Hier dreht sich der Luftraum um neunzig Grad, so daß das Gebäudevolumen als Ganzes erlebbar wird. Eine Brücke an der zweigeschossigen Glasfront verbindet Wohn- und Eßraum. Gegenüber wird die Verbindung für eine freistehende Küche (von Massimo Iosa Ghini) genutzt. Die Küche wird durch eine Nische erweitert, die als Volumen im Luftraum hängt und diesen somit weiter gliedert. Während sich das Eßzimmer durch ein zwei mal zwei Meter großes Fenster ausschließlich zum Stadtgarten orientiert, hat das Wohnzimmer zwei Orientierungen: durch ein sieben Meter langes Fensterband zum Stadtgarten und durch einen verdrehten Glasvorsprung zur Dachterrasse. In dieser Glaserweiterung befindet sich die Treppe zum Schwimmbad. Im Dachgeschoß befindet sich das Bad, das über eine Brücke mit einer Galerie, dem Ankleideraum und dem Schlafzimmer verbunden ist. Von der Badewanne und aus der Dusche hat man einen herrlichen Blick auf den Stadtgarten.

Die Materialien sind vielschichtig und zum Teil ebenso widersprüchlich wie die Einrichtung. Während die Hauptfassade aus einem glatten weißen Marmorputz besteht, sind die Fenstererker und Garagentore aus rostendem Korten-Stahl. Das Eingangsportal ist eine Mischung aus pulverbeschichtetem Alu und altem Eichenholz. Die Wände im Inneren sind geputzt und weiß gestrichen, so daß sie dem Bauherrn geeeignete Flächen für seine Kunstsammlung bieten. Die Treppe ist mit einer speziellen Spachteltechnik behandelt, die an weißen Marmor erinnert. Die Böden sind aus Steinzeugplatten, die wie Teppiche in die Räume gelegt wurden. Danach wurden die Restflächen auf das Niveau der Fliesen gebracht und mit einer Bodenlasur farbig angelegt. Der Treppenbelag sowie die Brücke im Dachgeschoß sind aus altem Eichenholz. Die Geländer bestehen aus Stahl, Glas, Stahl-Glas und verputzten Brüstungswänden. Das Schwimmbad ist mit Marmorfliesen ausgelegt – hier sind die Wände gespachtelt.

Die Einrichtung besteht im wesentlichen aus Möbeln von Mark Brazier Jones, Goodman & Charlton sowie aus speziell angefertigten oder antiken Einzelstücken.

Lageplan

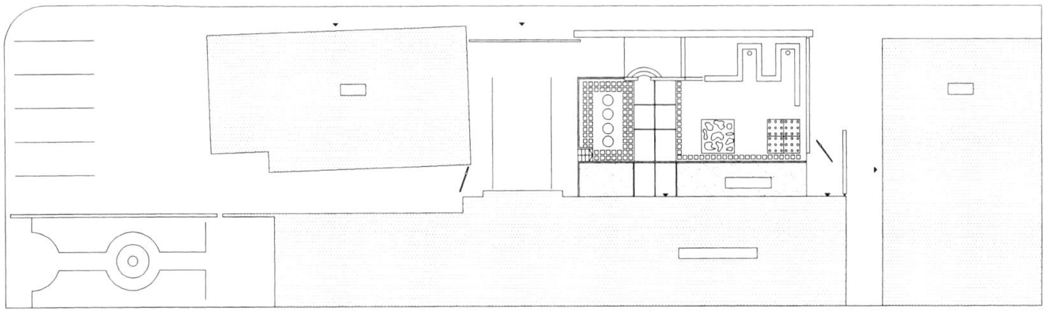

Straßenfassade

Blick vom Stadtgarten

Die freistehende Wendeltreppe

Küche von Iosa Ghini

Wohnzimmer mit Blick zum Stadtgarten

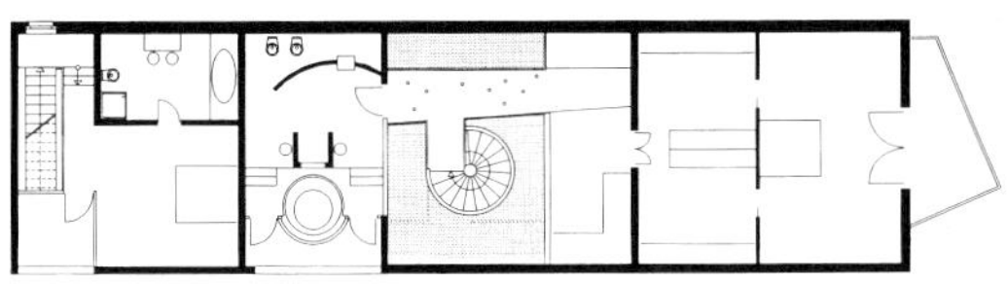

Dachgeschoß

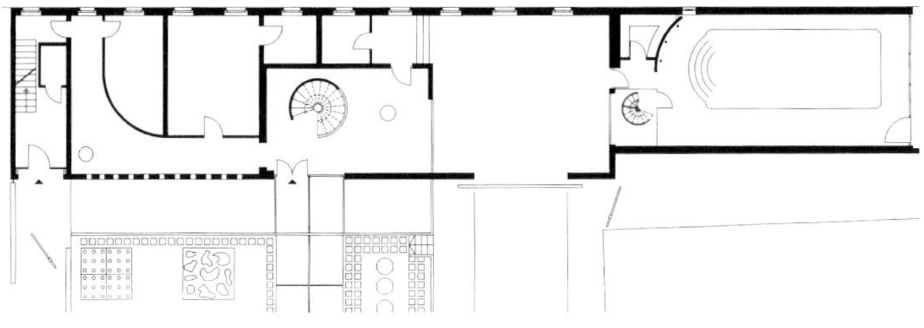

Erdgeschoß

Eingangsbereich M 1:300

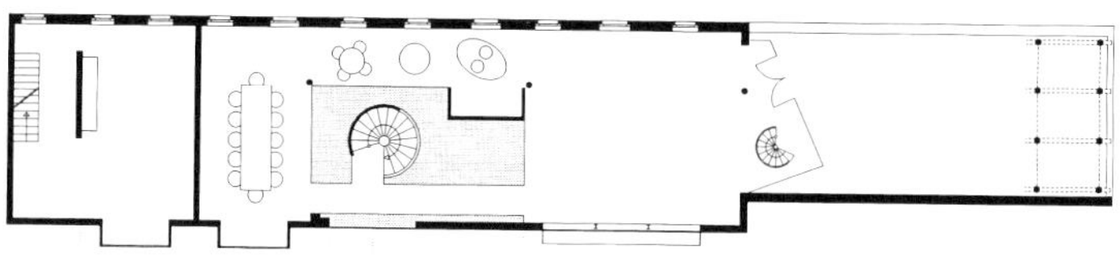

Das Bad im Dachgeschoß

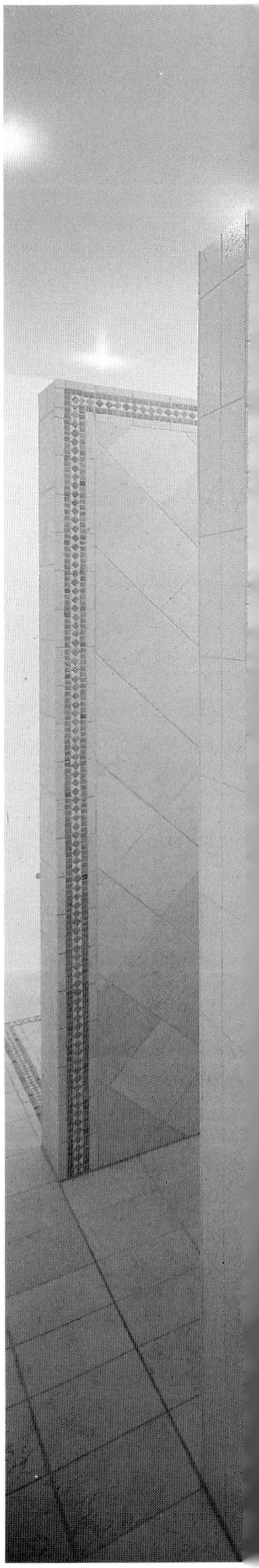

Galerie im Dachgeschoß

Bauherr: privat
Fertigstellung: 1996

Wohnhaus in Stuttgart-Degerloch

Architekten: Kauffmann Theilig & Partner, Ostfildern

Wenn für ein Neubauprojekt, wie so oft, die Umgebung wenig attraktiv ist, würden wir als Architekten darauf so reagieren, daß ein mehr introvertiertes Konzept gefunden werden muß. Die Gebäudehülle ist dann nur im notwendigen Maß durchbrochen.

Bei dem zur Verfügung stehenden Grundstück in Stuttgart-Degerloch war dies anders. Sehr alte hohe Bäume standen bestimmend und alles überragend auf dem früheren Gelände einer Villenanlage.

Mit seinem Wechselspiel von Licht und Schatten ist dies ein unverwechselbarer Ort, der den Entwurf in allen Teilen prägt. Das Haus sollte sich als Ganzes soweit wie möglich nach außen öffnen.

Die Gartenebene, weitgehend verglast, ist daher dem vorhandenen Gelände angepaßt und geht schwellenlos nach außen über. Das erlaubt eine Bodenlandschaft, die den Räumen unterschiedliche Höhen und damit unterschiedliche Wertigkeiten verleiht.

Der zentrale Raum des Hauses, der Eßplatz, ist höher als die umliegenden Räume der Küche und des Wohnzimmers. Er ist sozusagen in den Garten eingebettet. Ein zentraler Kaminturm vermittelt zwischen den Bereichen, die ohne Trennwände ineinander übergehen. Als organische Form schlängelt sich die Küche fast bis zum Eßtisch hin, von dem aus ein galerieartiger Einschnitt darüberliegend Blickbeziehungen in die Obergeschosse erschließt. Ein würfelförmiges Bauteil ist bewußt möbelartig als Haupteingang, Windfang, Gäste-WC, Garderobe und Ausgang zum Carport erdgeschossig eingestellt und löst sich dadurch in der Grundrißgeometrie von den zusammenhängenden Flächen der Gartenebene.

Das Kindergeschoß befindet sich auf Baumhausebene. Drei Kinderzimmer gruppieren sich individuell um die mächtige Hängebuche im Zentrum des Grundstücks. Jedes Zimmer besitzt eigenständige Blickbeziehungen und ist immer mindestens dreiseitig durch Fensteröffnungen belichtet. In den hölzernen Flurtrennwänden, die von Einbauschränken gebildet werden, spenden Oberlichter zusätzliche Helligkeit. Gemauerte Flurtrennwände gibt es im ganzen Haus nicht. Preiswerte doppelschalige, lasierte Feinspanplatten dienen als Oberflächen dieser Schränke und damit als Wände. Balkone verzahnen die Zimmer direkt mit den Bäumen. Entsprechend seiner Nutzung ist das Obergeschoß geschlossener als der eher gläserne Gebäudesockel (Gartenebene) und mit einer Holzstülpschalung verkleidet. Die Außenwände der Zimmer schuppen sich zwischen die Bäume und bilden somit keine Front, sondern weichen eher aus. Ein zusätzlicher Sonnenschutz im Sommer ist durch die vorhandene Begrünung nicht notwendig.

Das Elterngeschoß mit Schlafzimmer, Bad und Arbeitsraum liegt auf der obersten Ebene des Hauses. Die Grundfläche ist gegenüber den darunterliegenden Ebenen deutlich zurückgenommen, so daß sich ringsum begrünte Dachflächen ergeben, die teilweise als Terrasse genutzt werden können.

Das räumliche Gefüge wird bestimmt durch unterschiedliche Raumhöhen und Geometrien, individuelle Aus- und Einblicke sowie Lichtverhältnisse, offene Raumfolgen – wie in der Gartenebene – oder schützende Trennwände – wie in den Kinderzimmern –, individuelle Treppen in den jeweiligen Ebenen und spannende Durchsichten in alle Richtungen. Alle Räume des Hauses sind miteinander verbunden, die Nutzungsmerkmale der jeweiligen Etagen aber werden respektiert.

Kreisrunde Glasöffnungen in allen Geschoßdecken erlauben es, auch von der obersten Ebene direkt auf den Frühstückstisch zu schauen. Sie ergänzen die zu allen Seiten hin aufgebrochene Gebäudehülle und die dadurch ständig erlebbaren Lichtverhältnisse durch die vertikale Verbindung aller Flächen im Gebäude.

Soweit möglich, sind alle Ausbaumaterialien aus Holz.

Alle Böden bis auf die Bäder sind mit einem hellen Ahorn-Industrie-Parkettboden belegt, die Treppenstufen sind weitgehend aus Massivholz bzw. Multiplex. Brüstungen in Treppenaugen bestehen aus großzügig gelochten Brettschichtholzplatten, wofür ebenfalls heller Ahorn gewählt wurde. Alle Türelemente und Wandverkleidungen sind aus furnierter Buche. Sie wurden auch im Untergeschoß eingesetzt, so daß eine »Kelleratmosphäre« ausgeschlossen ist.

Das Farbkonzept der Oberfläche unterstützt die Entwurfsabsicht. Elementartige Bauteile wie der Haupteingang, der Kaminblock oder die Speisekammer mit ihrer gewölbten Außenwand sind entsprechen kräftig behandelt und haben eine angenehme, aber intensiv rötliche oder eine kräftige blaugraue Färbung. Die einzige massive Betonwand, unverputzt gelassen, ist selbstbewußt blau. Sie ist also konstruktives und räumliches Rückgrat. Alle anderen Oberflächen sind weiß.

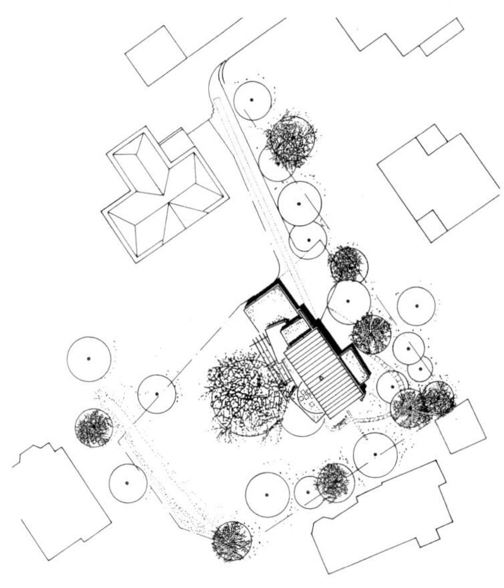

Lageplan

»Baumhaus«

»Köpfe« mit Terrasse
und Eingang

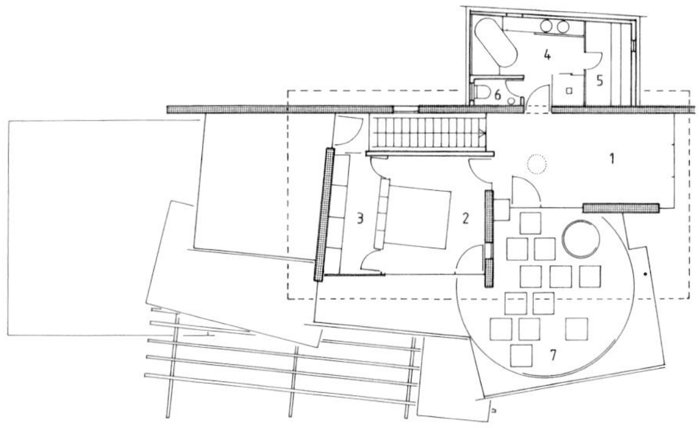

1 Arbeitszimmer
2 Schlafzimmer
3 Ankleide
4 Bad
5 Sauna
6 WC
7 Dachterrasse

Dachgeschoß

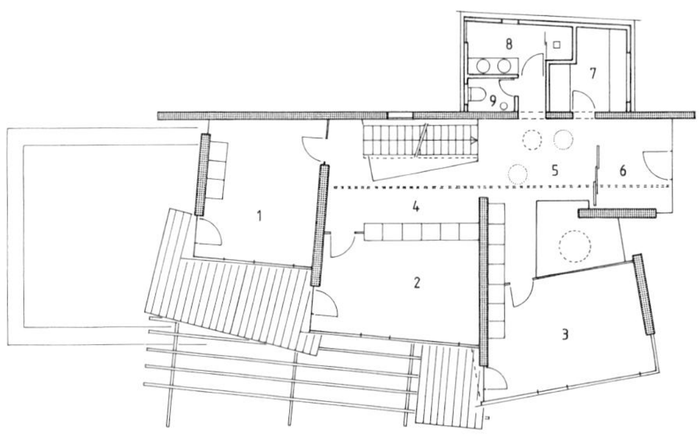

1 Kinderzimmer
2 Kinderzimmer
3 Kinderzimmer
4 Wohnflur
5 Arbeitsplatz
6 Gästezimmer
7 Hauswirtschaftsraum
8 Bad
9 WC

Obergeschoß

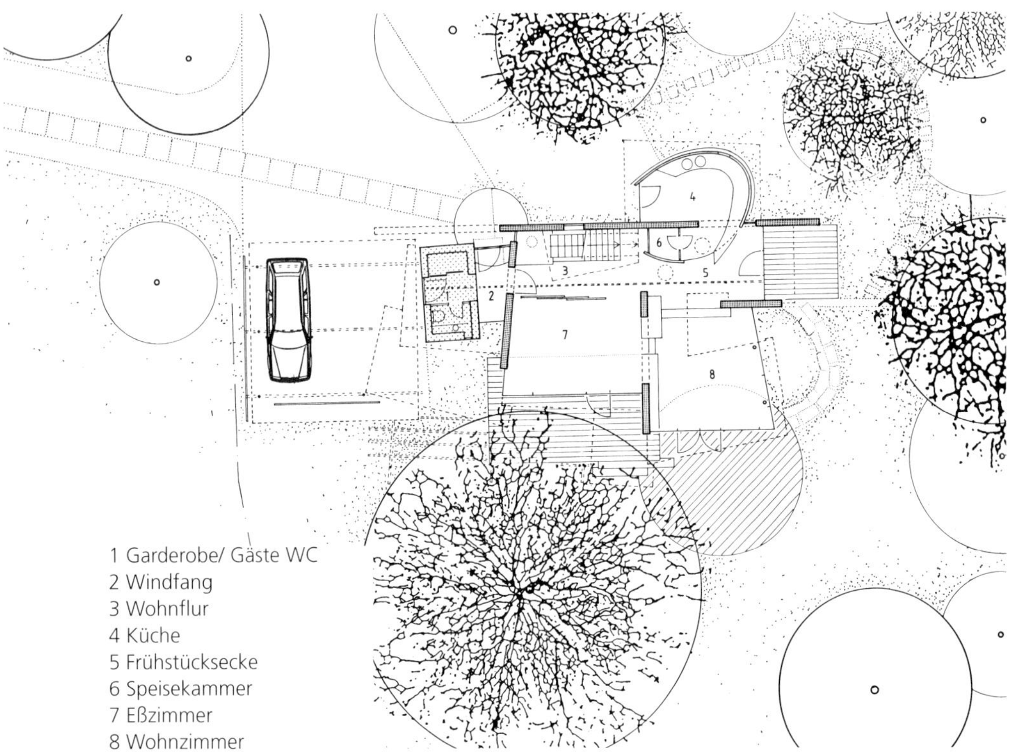

1 Garderobe/ Gäste WC
2 Windfang
3 Wohnflur
4 Küche
5 Frühstücksecke
6 Speisekammer
7 Eßzimmer
8 Wohnzimmer

Erdgeschoß M 1:200

»Auge« zum Kinderzimmer

Arbeitszimmer

Wohnzimmer

Küche

Speisezimmer mit Kamin

Haus und Terrasse bei Nacht

Durchblick zur Küche

Durchblicke
innen und
außen

Bauherr: privat
Projektarchitekt: Frank Brodbeck
Beratender Landschaftsarchitekt: Geßwein, Henkel & Partner, Ostfildern
Tragwerk: Dietmar Kirsch, Stuttgart
Fertigstellung: 1996

Wohnhaus in Hamburg

Architekten: Stoeppler + Stoeppler Architekten, Hamburg

Der Umbau eines bestehenden Villengebäudes aus den sechziger Jahren wurde verworfen. Die Absicht, ein den heutigen Ansprüchen des Bauherrn, der Lage und Beschaffenheit des Grundstücks sowie den ökologischen und bautechnischen Erkenntnissen entsprechendes Wohnhaus zu bauen, führte zu der Entscheidung, einen Neubau zu errichten.

Das zur Straße hin dicht mit hohen Buchen bestandene Grundstück hebt sich mit einer steilen natürlichen Böschung etwa zehn Meter aus dem Straßenniveau und weist im weiteren Grundstücksbereich eine nach Süden gerichtete ebene Lichtung auf.

Die von Osten nach Westen entlang der Nordseite und um die Westseite des Gebäudes gesetzte zwei Meter hohe Raumwand aus verputztem Mauerwerk bildet einen halbkreisförmigen Außenraum zwischen dem mit großen Öffnungen versehenen Gebäude und dem der Öffentlichkeit zugänglichen und von Besuchern und Spaziergängern vielbesuchten Falkensteiner Wald. Nur eine schmale Öffnung und die zwischen zwei halbhohen Sichtbetonwandscheiben gespannte Stahl-Holz-Treppe führen über das aus der Raumwand auskragende Zugangspodest zum Hauseingang.

Das Gebäude, das im Grundriß aus rechtwinklig zueinander gestellten Wandscheiben errichtet wurde, ist in Ost-West-Richtung aufgestellt. Der rechteckige eingeschossige Baukörper besteht aus einem vollen Kellergeschoß mit nach Osten angeordneter Tiefgarage, dem Erdgeschoß mit Eingangs- und Treppenhalle, den repräsentativen Wohnräumen, Küche und Eßzimmer sowie dem Dachgeschoß mit den privaten Wohnräumen, Bädern und einer Sonnenterrasse.

Das Dach besteht aus einer nach Süden weit überkragenden belüfteten Schalenkonstruktion aus gebogenen Stahlrahmen mit Holzbeplankung und Zinkblecheindeckung in Falztechnik, in die auf der abfallenden Nordseite vier quadratische Dachgaubenkörper schräg zur Dachfläche eingefügt sind. An der Tragkonstruktion des südlichen Dachüberstandes befindet sich auch die automatisch betriebene Fallarmsonnenschutzanlage, die etwa zwei Meter lange einzelne Textilsegel über die gesamte Länge des Gebäudes ausfährt.

Die geneigte und um einen Kreismittelpunkt gebogene Form des Daches spielt mit der Topographie des Grundstücks sowie mit der gebogenen, senkrecht zur Dachfläche stehenden Raumwand und führt durch ihre günstigen Eigenschaften der Volumenumhüllung zu bequemen Raumproportionen in dem als Staffel konzipierten Dachgeschoß.

Die Außenräume des Gebäudes wurden je nach Ausrichtung und Nutzung unterschiedlich gestaltet. Nach Norden liegt ein großer mit Schiefer gepflasterter Innenhof, der nach Osten mittels eines frei kragenden Stahl-Holz-Decks zu einer kleinen Terrasse für Gastzimmer und Bibliothek und nach Westen über eine leicht geneigte Rampe entlang der Innenseite der gebogenen Raumwand zum tiefergelegenen Patio des Souterrains und in den Garten führt. Der Patio wird teilweise von der freikragenden, holzgedeckten Westterrasse vor dem Eßzimmer des Erdgeschosses überdeckt. Vor der gesamten Südfront des Gebäudes erstreckt sich eine breite holzgedeckte Sonnenterrasse mit einer großen freien Spielfläche.

Die Räume im Erdgeschoß sind untereinander durch raumhohe Schiebetüren zu öffnen oder zu verschließen und bieten vielfältige Kombinationen der Öffnung und Abgeschlossenheit.

Nach außen öffnet sich das Gebäude, an Himmelsrichtung und Nutzung orientiert, mit raumhohen dreh- oder auffaltbaren Holzfensterelementen, die Innen- und Außenraum ineinander übergehen lassen.

Auch die Räume am Souterrainpatio und an der Dachterrasse sind mit falt- oder schiebbaren Fenstertürelementen versehen.

Das Gebäude ist aus massiven Baustoffen wie Stahlbeton, Stahl, Aluminium, Kalksandstein, Naturstein und keramischen Platten sowie unterschiedlichen Hölzern hergestellt worden. Es wurden nur mineralische Putze und Anstrichsysteme verwendet. Kunststoffe wurden nicht verarbeitet. Eingebaute Dämmstoffe sind aus Schaumglas, Altpapierprodukten und mineralischen Fasern. Alle Verglasungen, Außenhautdämmungen und die Heizung entsprechen den heute geltenden Anforderungen an ein Niedrigenergiehaus.

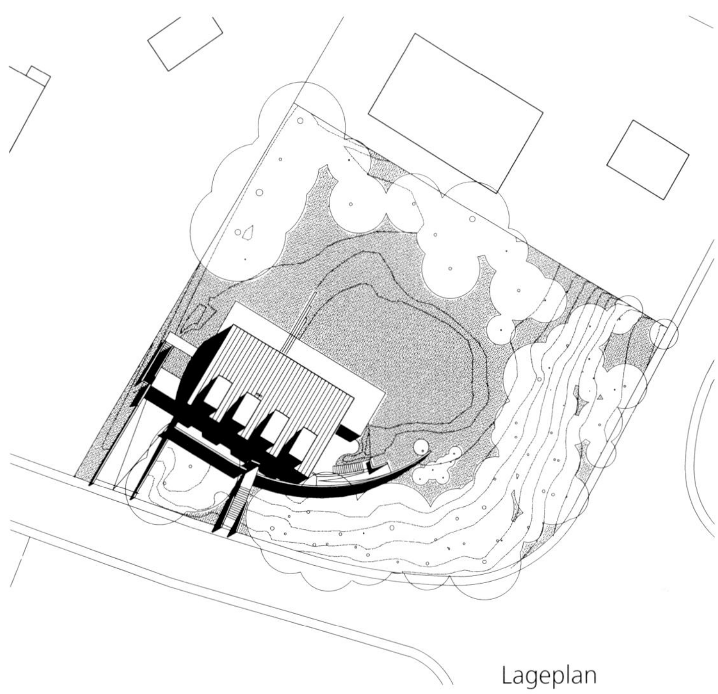

Lageplan

Gartenseite

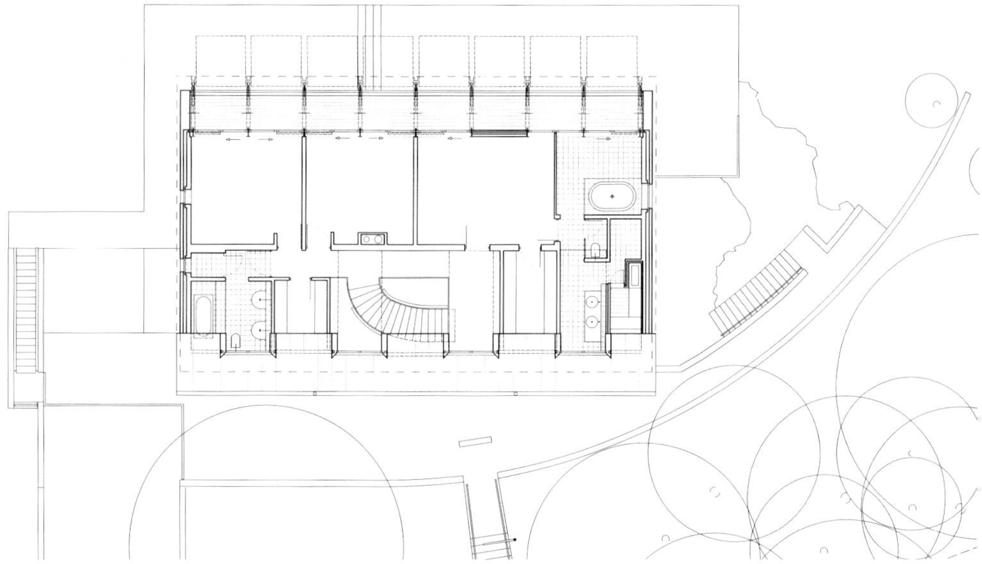

Dachgeschoß

Wohnraum

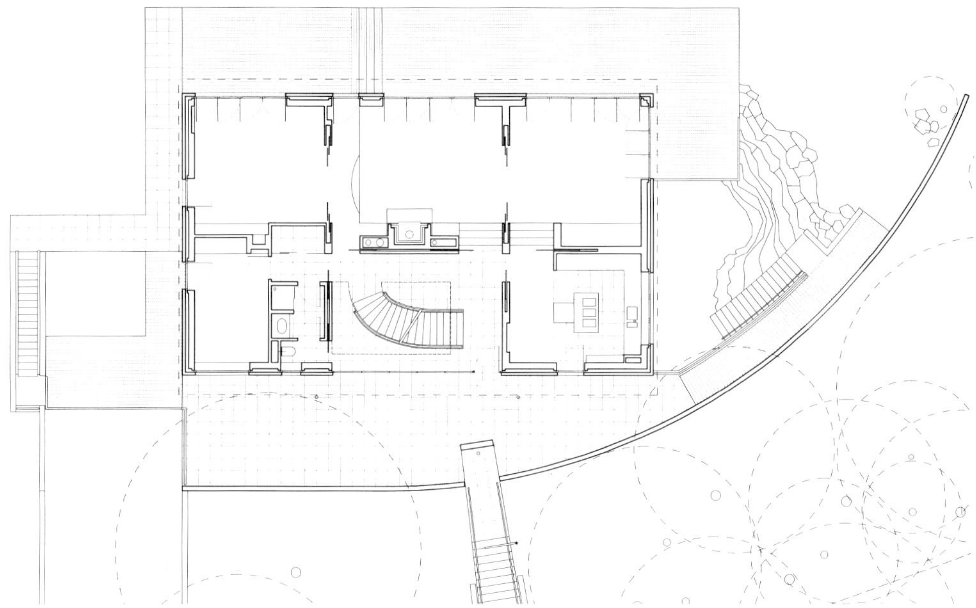

Erdgeschoß

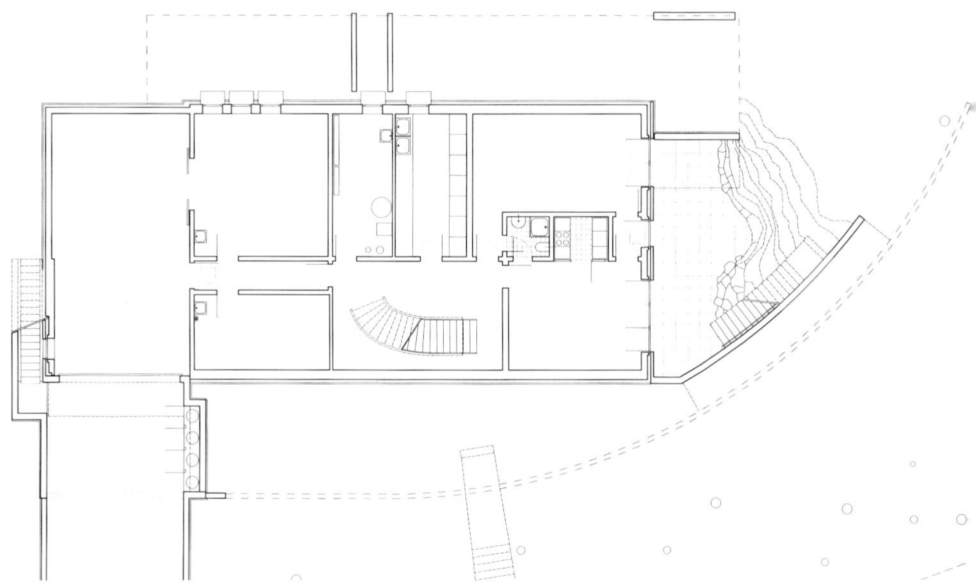

Kellergeschoß M1:200

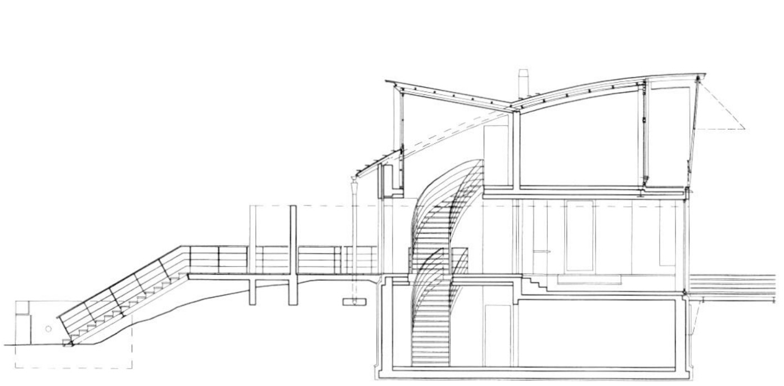

Schnitt

Bad

Wohnraum

Wohnraum mit gewendelter Treppe

»Reling«

Treppenraum

Vorraum

Bauherr: privat
Fertigstellung: 1996

Wohnhaus in Tutzing

Architekt: Matthias Sieveke, München

Das Wohngebäude ist ein Versuch, dem Chaos und den Geschmacklosigkeiten einer Villengegend am Starnberger See entgegenzuwirken.

Das Grundstück des Hauses ist gekennzeichnet durch alten Baumbestand, der sich in nördlicher Richtung über die Grundstücksgrenze hinweg weiter fortsetzt.

Das Erscheinungsbild des Wohnhauses ist klar definiert: Die Architektur wird auf die elementaren Grundformen ohne formale »zeitgeistbedingte« Bildanalogien zurückgeführt. Ein wesentliches Entwurfsprinzip ist hier der Gegensatz zwischen geschlossenen massiven Bereichen und der Transparenz des Wintergartens und des Eingangsbereichs.

Die unterschiedlichen Sichtbeziehungen erlauben einen Wechsel zwischen introvertierten und extrovertierten Raumeindrücken.

In der Ausführung äußert sich dieser Ansatz in konsequent weißen Putzfassaden, stehenden Fensterformaten, einem weiten Dachüberstand als Schutz vor Wind und Wetter, sichtbaren Dachsparren und einfachen Details.

Der klare, streng geometrische Baukörper gliedert sich in drei Bereiche, was der angestrebten Nutzung des Gebäudes als Drei-Generationen-Haus entspricht.

Das Hauptgebäude wird über einen zweigeschossigen unbeheizten Wintergarten, der in der Übergangszeit als Aufenthaltsbereich genutzt wird, mit dem Bürohaus verbunden. Dieses setzt sich im Westen mit einer großen Terrasse fort und schafft so analog zum Eingangsbereich einen räumlichen Bezug zum alten Baumbestand auf der östlichen und der parkartigen Gartenanlage auf der westlichen Grundstücksseite.

Im Erdgeschoß befinden sich die Gemeinschaftsräume, während im Obergeschoß die Rückzugs- und Ruhebereiche der einzelnen Bewohner angeordnet wurden. Alle Zonen mit längerer Verweildauer wurden nach Westen oder Süden orientiert.

Durch die ungewöhnlichen räumlichen Abfolgen bietet das Haus der Familie ein hohes Maß an Gemeinschaftlichkeit und gleichzeitig dem einzelnen eine individuelle Privatsphäre.

Der konstruktive Aufbau des Hauses erfolgte als Massivbau mit 49 cm starken Außenmauerwerkswänden und Stahlbetonflachdecken. Die Fügepunkte des Holzdachtragwerks bauen ebenso wie der Wintergarten, der als Stahlrahmenkonstruktion mit Einfachverglasung und außenliegendem Sonnenschutz errichtet wurde, auf einem Modulmaß von 875 mm auf.

Alle konstruktiven Elemente wurden so entwickelt, daß die jeweiligen Fügungspunkte ablesbar und daher auch verständlich sind.

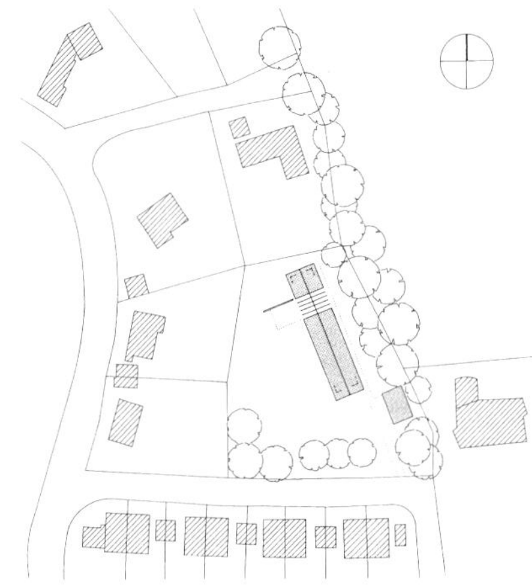

Lageplan

Eines der Teilhäuser mit trennendem Treppenhaus

Gesamtansicht von Süden

Eingangsseite
im Osten

Eckdetail

Transparente Zäsur:
der Wintergarten

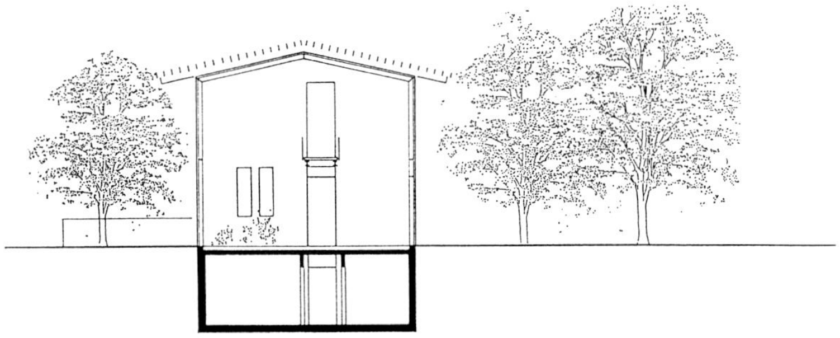

Schnitt Wintergarten

Obergeschoß

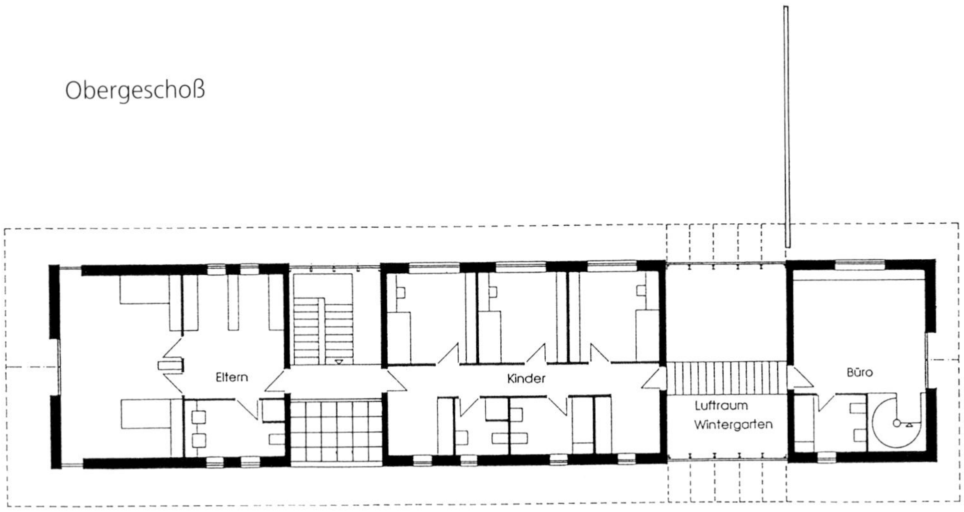

Erdgeschoß M 1:200

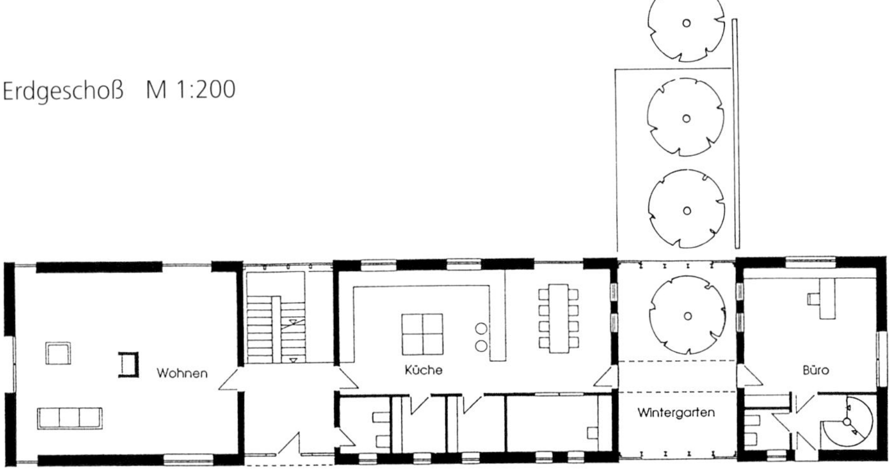

Blick ins
Treppenhaus

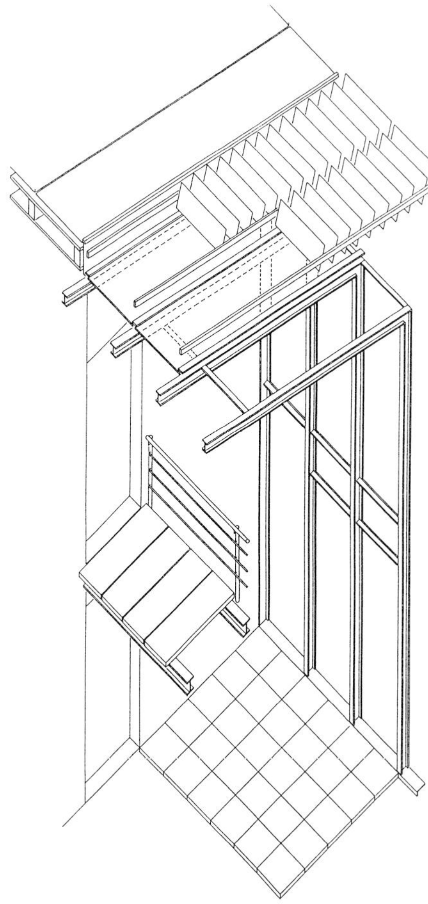

Isometrie
Tragwerk Wintergarten
Übergang Wohnhaus

Treppendetails

Bauherr: Hans Jörg Behrens, Tutzing
Ingenieur: Behringer/Müller, München
Fertigstellung: 1996

Wohnhaus im Maintal

Architekten: Index, Frankfurt am Main

Die Idee des Bauwerks erschließt sich über sein Inneres und besonders über seine innere Nutzung: Seine Hülle umfaßt einen freien weiten Raum. In diesem befreiten Inneren geben Handlungen dem Raum ihren Rhythmus. Das Verhältnis von Nutzung und Öffnung ist ein sich begleitendes, nicht ein sich aufeinander beziehendes. Das Gebäude will sich vom Außenraum distanzieren, aber nicht verschließen oder vollständig trennen.

Die Verbindung zum Außenraum wird durch ein Auseinanderziehen der Fassade erzeugt. Breite Öffnungen und Einschnitte geben dem introvertierten Gebäude im Inneren eine hohe Plastizität. Der Wechsel von »offen–geschlossen« vermittelt szenografisch die Umgebung: Der Außenraum wird für die Nutzer zum Bild.

Die Bauherren wünschten sich eine Anpassung und Optimierung der Licht- und Sichtverhältnisse an ihren Tagesrhythmus. Die Einschnitte in die Gebäudehülle wurden gemäß der ortsspezifischen Lichtqualität auf dem stark verschatteten Grundstück mit Hilfe einer computergestützten Sonnenstandssimulation festgelegt.

Das statische Prinzip bildet die übergeordnete Struktur: Die massive Mauerwerkswand mit vorgehängter Betonschale bildet das Rückgrat des Gebäudes; die Holzständerkonstruktion und die Leimholzzangen umfassen den Raum. Der bewußt schwere, durchlaufende Betonunterzug zoniert den Großraum: ein schmaler Bereich für die dienenden Funktionen und ein breiter Bereich für das Wohnen. Zwei große schwenkbare Wände, ebenfalls unterhalb des durchlaufenden Betonunterzugs installiert, richten den Raum entsprechend den Bedürfnissen der Bauherren unterschiedlich aus. Die beweglichen Wände modifizieren den Raum in seiner jeweiligen Nutzung.

Straßen- und Gartenansicht

rechts: Außentreppe

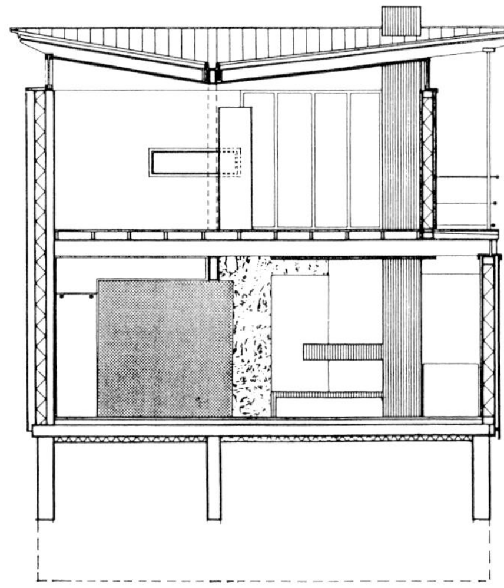

Schnitt

Der langgestreckte Wohnraum

Erdgeschoß M 1:300

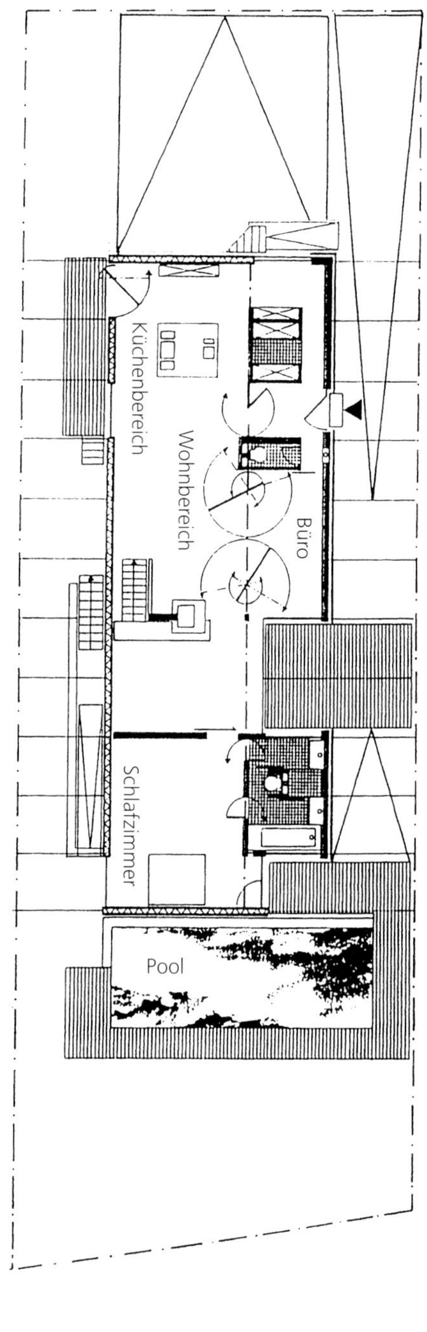

Tragwerksplanung: Bollinger & Grohmann, Frankfurt
Fertigstellung: 1995

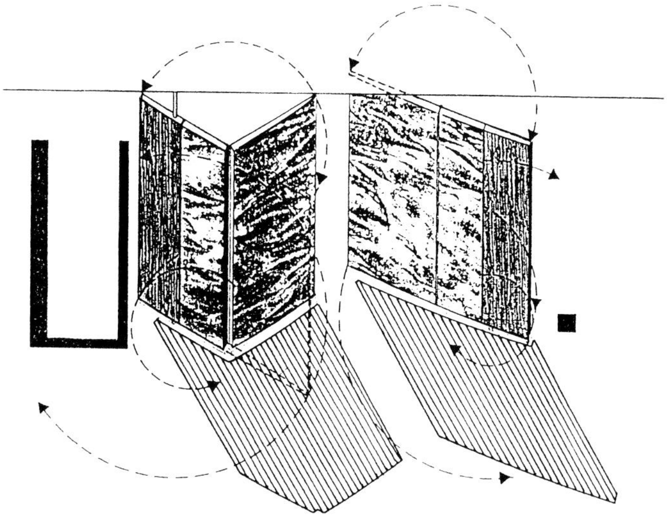

Faltwände, Schema und Ansicht

Obergeschoß

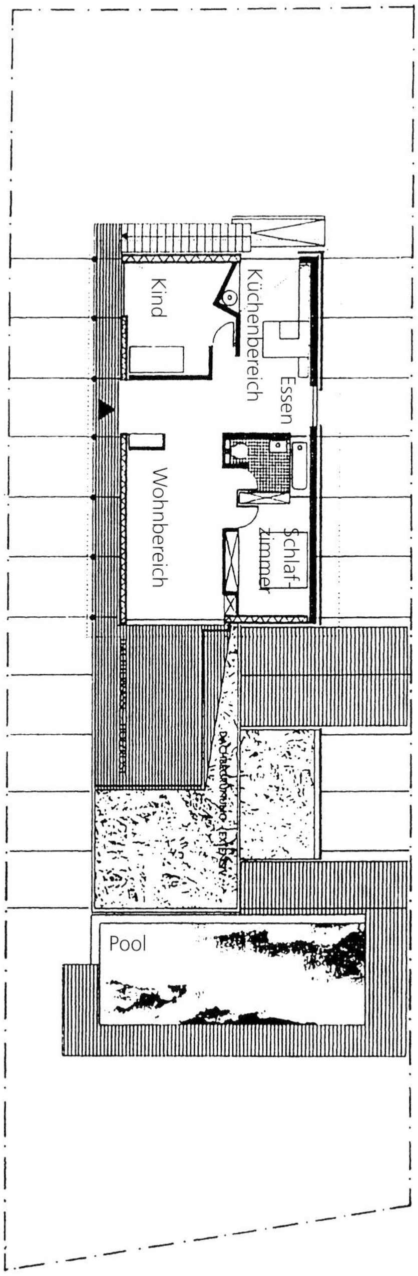

Wohnraum im Obergeschoß

Wohnhaus in Köln-Ehrenfeld

Architekt: Thiess Marwede, Köln

Im Kölner Stadtteil Ehrenfeld konnte der Bauherr ein Grundstück erwerben, auf dem ein zweigeschossiger Altbau in einer Blockbebauung umgebaut und entsprechend der Nachbarschaftsbauflucht aufgestockt wurde (»Wolkenkratzer«). Auf der anderen Seite (Gartenseite) grenzt das schmale Grundstück in Form einer Baulücke an die Mechternstraße. Hier ist als Ergänzung der Neubau eines kleinen Mehrfamilienhauses in der Baulücke geplant: »Wolkenkratzer II«.

Den Entwurf zum Um- und Neuaufbau Thebäerstraße 61 bestimmt ein zylindrischer Glasbausteinturm, der das Haupttreppenhaus des Einfamilienhauses im Hof – außerhalb des Altbaukörpers – aufnimmt.

Im Erdgeschoß befinden sich ein Speisezimmer, eine große Küche mit Wintergarten sowie ein Gäste-WC. Im Obergeschoß ist ein Großraum mit Wintergarten als Wohnzimmer vorgesehen. Dieser Wintergarten wurde zweigeschossig hofseits an den Altbau angebaut, so daß im zweiten Obergeschoß ein kleiner Balkon (Ostseite) genutzt werden kann. Hier liegen das Elternschlafzimmer, das Hauptbad sowie ein Kinderzimmer und eine Ankleide im Flur.

Über eine Stahlspindeltreppe im Glasbausteinturm hofseits erreicht man vom ersten Obergeschoß aus über das zweite Obergeschoß das Dachgeschoß, das mit einem großen Atelierraum und einem Dusch-WC neu aufgebaut worden ist. Hier ist auf der Westseite (Straßenfassade) eine Dachterrasse/Loggia entstanden.

Alle Geschosse können durch einen Aufzug beliefert werden.Im Hof ist ein Garten als große Terrasse gestaltet worden.

Der Bauherr hat nach Bezug des Einfamilienhauses auf der gegenüberliegenden Grundstückseite (Hofrückseite) einen viergeschossigen Neubau in der Baulücke initiiert und zur Planung und Baugenehmigung beauftragt, in dem Zwei- bis Dreizimmerwohnungen als Stadtwohnungen für Singles angeboten werden sollen. Dieser Neubau ist gestalterisch auf den vorgenannten Altbau als Blockrandbebauung abgestimmt und erhält zugunsten einer optimal auszunutzenden Wohnfläche ebenfalls im Hof einen rechteckigen Glasbausteinturm als zentrales Treppenhaus. Hier wird ein Staffelgeschoß – entsprechend der Nachbarbebauung – das Dachgeschoß bilden, so daß ebenfalls eine Dachterrasse im Osten entsteht.

Dieses Projekt ist auf dem Lageplan dargstellt und befindet sich im Baugenehmigungsverfahren. Die Realisierung ist für 1997/98 geplant.

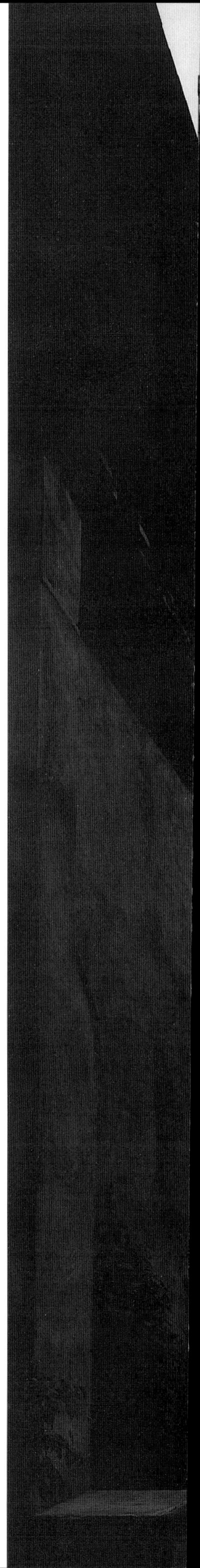

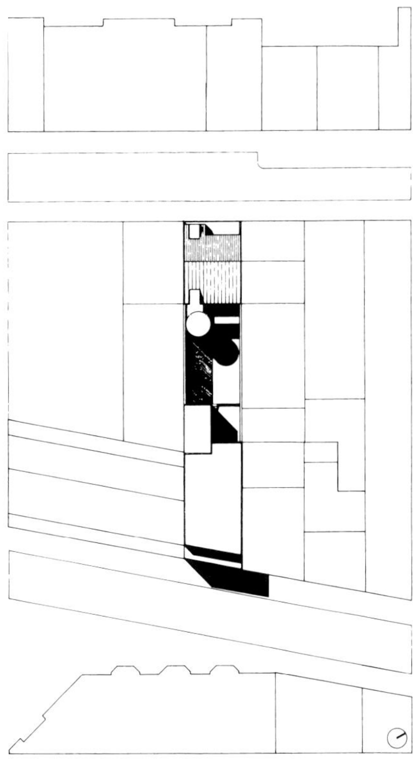

Lageplan

Bauherr: privat
Mitarbeit: Frank Tebroke, Christian Anders, Anja Hemmelrath, Cristina Laux, Brigitte Mockenhaupt
Fertigstellung: 1996

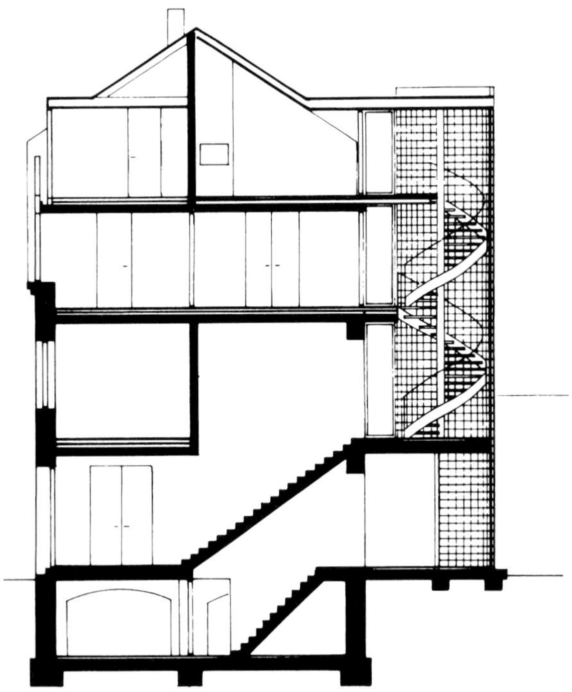

Schnitt

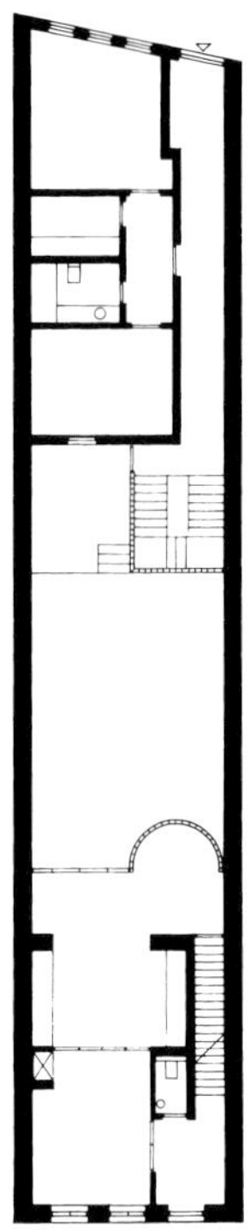

Erdgeschoß M1:200

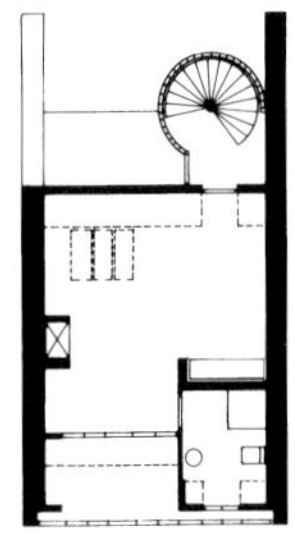

Dachgeschoß

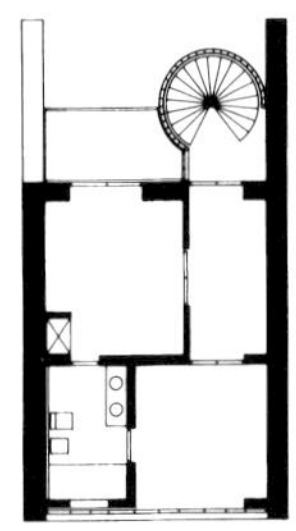

2. Obergeschoß

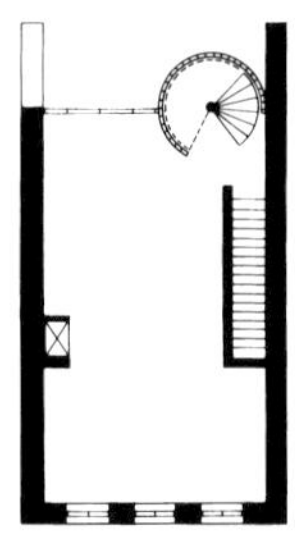

1. Obergeschoß

Straßenfassade

ube
Gilden Kölsch
WIR Ko

Wohnhaus in Basel

Architekten: Herzog & de Meuron, Basel

Im Gegensatz zu vielen anderen Projekten wußten die Architekten bei diesem Auftrag auch nach monatelanger Planung nicht, wie das entstehende Haus gegen außen abzuschließen sei, welches Gesicht es zeigen sollte. Sie entwickelten alles von innen her, von einem Hof ausgehend, um den die verschiedenen Abläufe des täglichen und nächtlichen Wohnens in räumlichen Schichten angelegt wurden. Diese Räume begannen sich zu durchdringen – vertikal und horizontal; der Innenhof sollte nicht nur Innenraum sein, sondern auch Außenraum, und umgekehrt sollte auch der äußere Raum, das heißt die nächste Umgebung, der Garten mit den hohen Bäumen und die Sicht auf die ferne Stadt in den inneren Bereich des Hauses hineinwirken.

Zunächst war kein klar begrenzender, äußerer Abschluß geplant, vielmehr sollte eine Art Umstülpung des Innenraums nach außen zum Ausdruck gebracht werden. Eine vollständige Verglasung der Außenflächen, welche quasi nach allen Seiten räumliche Bezüge offenhält, kam nicht in Frage, weil das Haus auch eine gewisse Schwere, eine Verbundenheit mit dem Boden ausdrücken sollte. Wer unmittelbar vor dem Gebäude steht, dessen beinahe schwarze, völlig glatte Oberfläche eine sinnliche Ausstrahlung wie ein Block aus Schiefergestein hat, kann diese Schwere sehr gut empfinden.

Die unregelmäßige dunkle Einfärbung des Putzes erinnert aber auch an etwas Organisches, Weiches wie eine Tierhaut, insbesondere im Kontrast zu den scharfkantigen Glasplatten der Schiebefenster, welche wie Teile eines Panzers die äußerste Schutzschicht des Gebäudes bilden. Diese außen – und nicht wie sonst üblich innen – montierten Glasschiebewände sind tatsächlich Ausdruck einer Art verkehrter Welt: Das Fenster – als klassisches Stück Innenraum – ist nach außen gekehrt. Wir schauen das Haus von außen sozusagen durch das Fenster an, das den Innenraum begrenzt; das Fenster gestattet nicht nur die Wahrnehmung der äußeren Welt von innen, sondern die Schiebebewegungen, die durch das Öffnen und Schließen der riesigen Glasplatten auf der dunklen Oberfläche des Baukörpers erzeugt werden, bewirken eine stetige Veränderung der äußeren Erscheinung und damit auch der Wahrnehmung des Gebäudes. Die Plazierung der Fensteröffnungen ist zwar noch immer auf jeweils einen einzigen Ort in der Fassade konzentriert, dennoch scheint dieser Ort sich gleichsam mit dem Fensterrahmen hin und her zu bewegen. Er spiegelt sozusagen das tägliche Leben der Hausbewohner.

Diese Fassadenstrategie befreite die Architekten von sämtlichen kompositorischen Zwängen: Die Fenster sind sowohl da, als auch dort, sind mal näher beieinander, mal weiter entfernt, so daß die grundrißliche Disposition der Räume frei erfolgen konnte. Die Statik des Hauses ist das konkrete Abbild dieser Grundriß- und Innenraumdisposition: Wie bei einem Kartenhaus entsprechen die nur selten senkrecht aufeinanderstehenden Wände und Fassadenteile – Ausdruck der innen- und außenräumlichen Begrenzungen – auch tatsächlich den statischen Kraftfeldern des Gebäudes.

Lageplan

Vorhof zur Straße

Terrasse

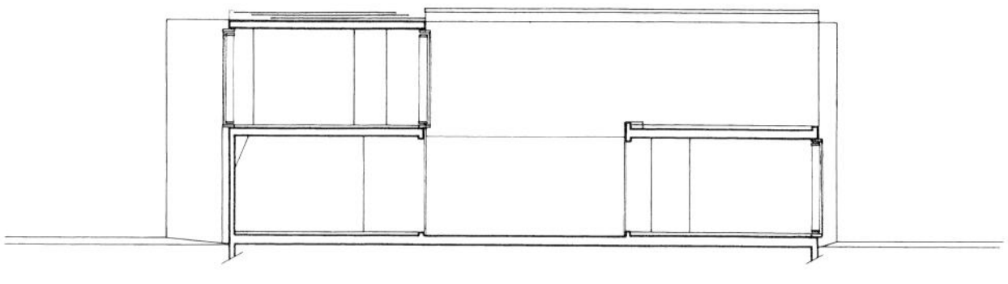

Querschnitt

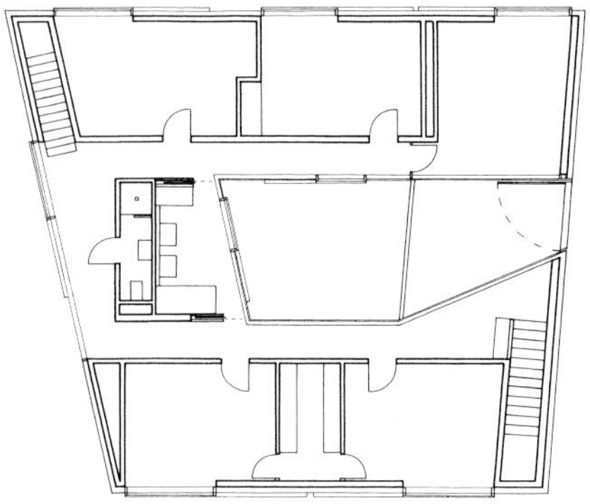

Obergeschoß

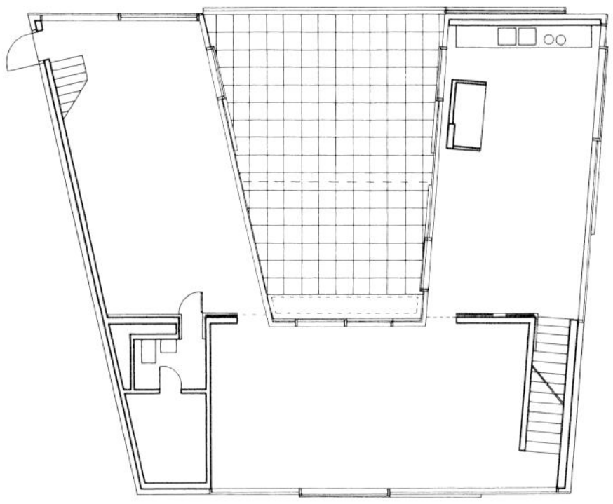

Erdgeschoß

Aufgang

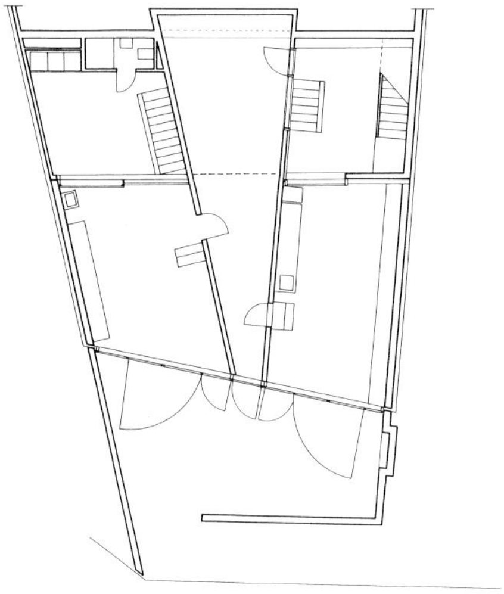

Untergeschoß M 1:200

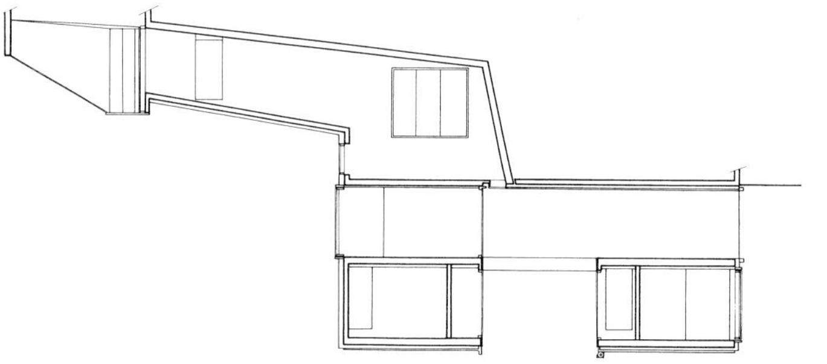

Längsschnitt

Bauherren: Dominik und Stephanie Koechlin
Fertigstellung: 1994

Gang am Innenhof im Obergeschoß

Wohnraumdurchblicke

Wohnhaus in Bitburg-Utscheid

Architekt: Oswald Mathias Ungers, Köln

Das Gebäude liegt, abseits von jeglicher Zivilisation, in einem kleinen Tal in der Südeifel und kann nur über einen schmalen Feldweg erreicht werden. Es ist von Wiesen und Wäldern umgeben und steht am Fuß eines bewaldeten Abhangs. Auf dem Gelände stand ursprünglich der Holzbau einer ehemaligen Glashütte aus dem 17. Jahrhundert, der später durch einen einfachen Steinbau ersetzt wurde. Die Glasbrennerei wurde bereis im 18. Jahrhundert eingestellt und das Gebäude, das nur noch als Ruine vorhanden war, landwirtschaftlich genutzt.

Das Ensemble besteht aus dem Haupthaus, einer kleinen ehemaligen Kapelle, einem Kreuzgarten innerhalb der Grundmauern des historischen Hauses und einem Atelierbau anstelle des alten Bienenhauses. Zusammen mit den Teichen, den alten Bäumen und der leicht bewegten Topographie vermittelt das gesamte Ensemble einen bukolischen, abgeschiedenen Eindruck.

Das Haupthaus ist aus Naturstein errichtet, einem Stein, der südlich von Nancy gebrochen wird und der in römischer Zeit für Tempel, später für Kirchen und Privathäuser verwendet wurde. Die kleine Kapelle ist verputzt. Der Kreuzgarten hat Natursteinmauern aus Sandstein, der am Ort gebrochen wurde, und das Atelierhaus besteht aus einem Ständerwerk aus Holz mit Holzverkleidung. Das steinerne Haupthaus bezieht seine formale Gestalt aus dem direkten Bezug zur römischen Tradition der Umgebung. Die römische Architektur ist in dieser Gegend bis in die heutige Zeit lebendig geblieben und prägt nicht nur den Charakter der Stadt Trier, sondern mit den Resten römischer Villen und Castren auch den der umgebenden Landschaft.

Haus und Natur bilden einen dialektischen Gegensatz im Sinne einer gegenseitigen Überhöhung. Dem unberührten Charakter der Natur entspricht der archaische Eindruck des Hauses, eine elementare Form in einer einfachen Natur.

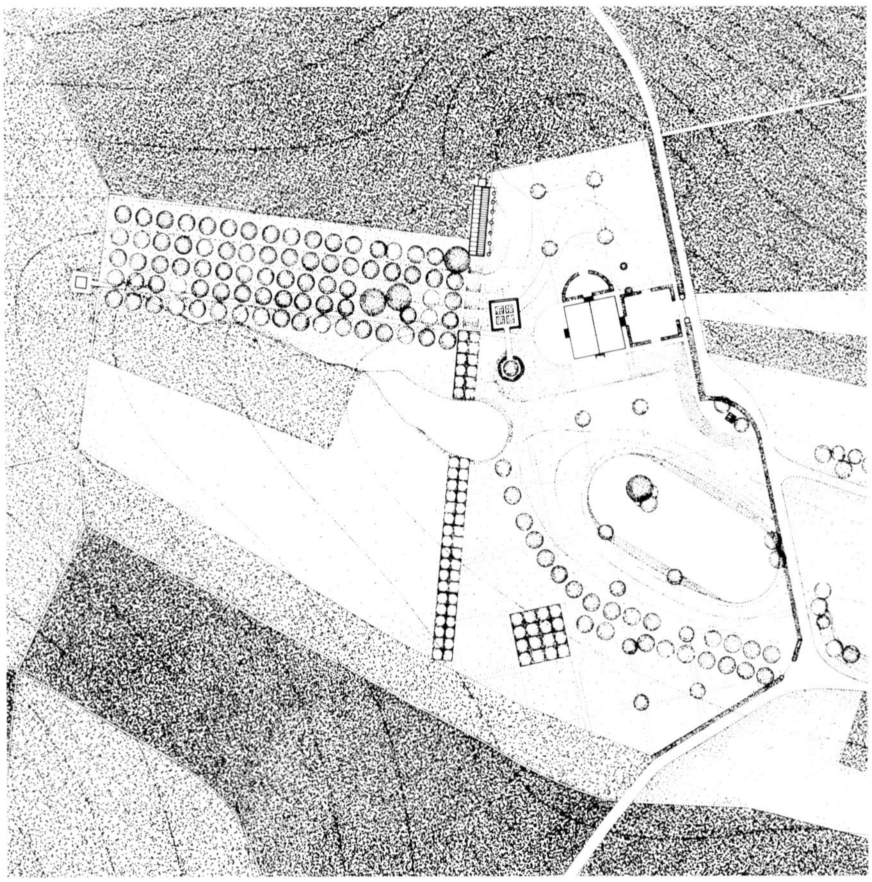

Lageplan

Blick von Süden

Westseite

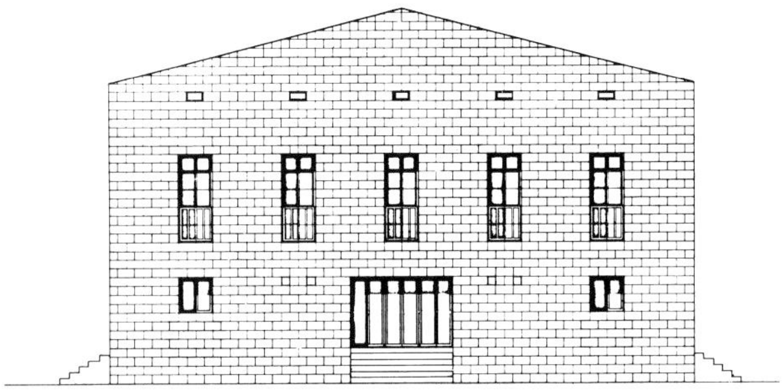

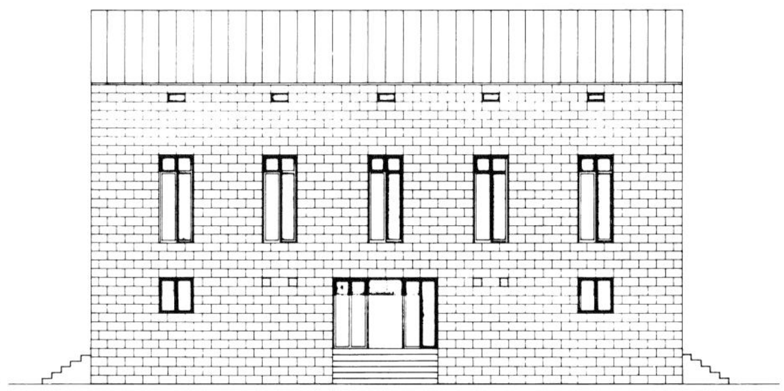

Eingang und Terrasse

Eingang

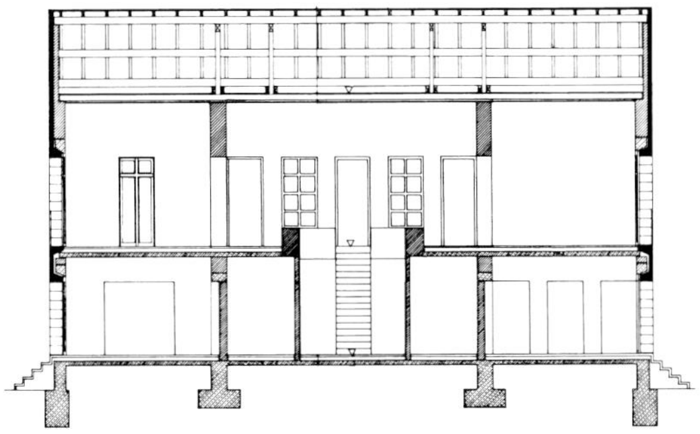
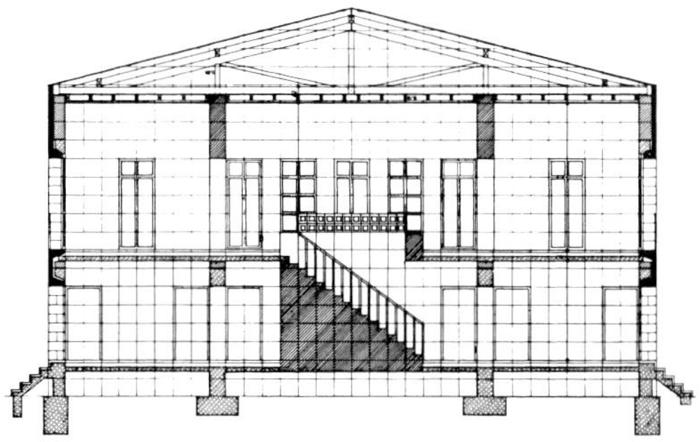

Schnitte

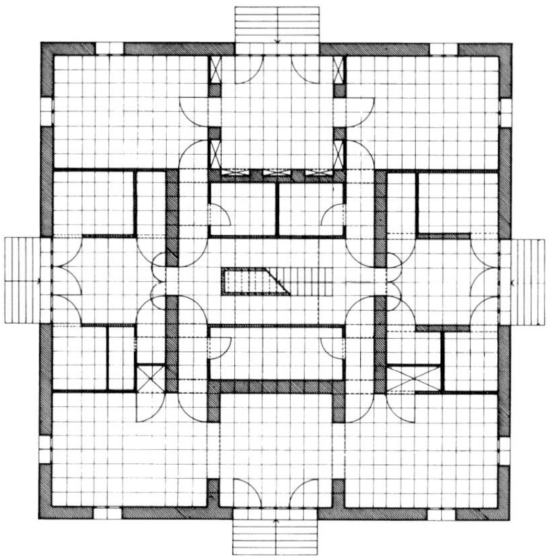
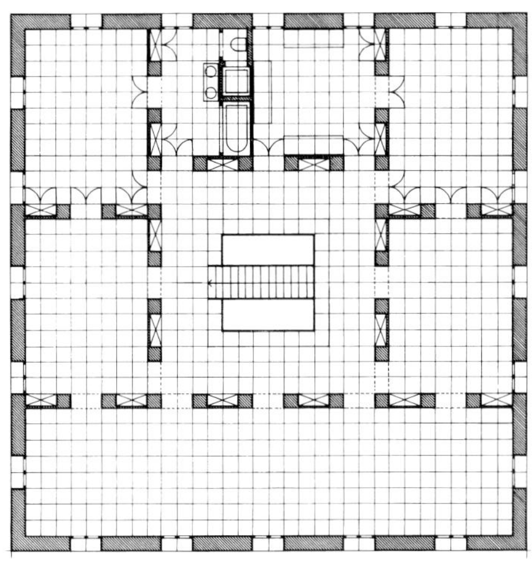

1 Eingang
2 Aufenthaltsräume
3 Wohn-Arbeitsräume
4 Bäder
5 Sauna
6 Abstellraum
7 Heizung
8 Küche
9 Schlafraum
10 Besprechungsraum
11 Büro
12 Atelier

Erdgeschoß M 1:200

Obergeschoß

Atelier im Obergeschoß

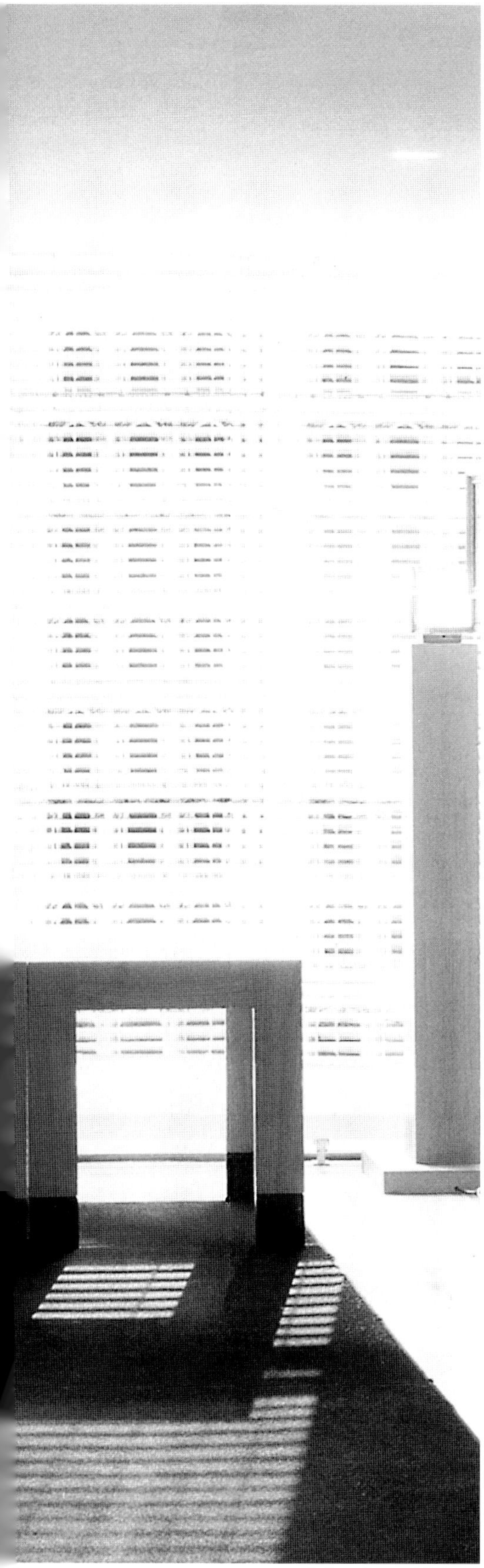

Wohnraum

Bibliothek im Zentrum

Bauherr: Oswald Mathias Ungers, Köln
Fertigstellung: 1988

Wohnhaus in Luxemburg

Architekten: Christian Bauer Architectes, Bridel (L)

Das Haus steht auf einem der letzten bebaubaren Grundstücke etwas außerhalb einer Ortschaft in lockerem Zusammenhang mit den wenigen Bauten der Umgebung.

Das Areal ist eine Waldlichtung in Hanglage. Am Nord- bis Ostrand liegt ein Wald mit hochstämmigen Bäumen, während die Südost- bis Südseite Ausblick in das Tal ermöglicht.

Die eindeutige Ausrichtung des Grundstücks trug auch zum Konzept des Gebäudes bei: relativ geschlossen nach Norden und zum Hang, sehr offen nach Südosten bis Südwesten. Dieses Konzept wird zusätzlich dadurch unterstrichen, daß auf der Nordseite ein bedienender Trakt mit Nebenräumen wie Sanitärzellen, Bügelraum etc. in einem dunkel eingefärbten langen Rechteckvolumen anschließt. Die Wohn- und Schlafräume, die sich zum Tal orientieren, sind in einem hellen Rechteckvolumen, das durch ein ununterbrochenes Fensterband strukturiert ist, untergebracht.

Bauform und Ausrichtung des Gebäudes sind Folge bioklimatischer Überlegungen. Der Dachüberstand gegen Süden reduziert die Aufheizung im Sommer und schützt gleichzeitig die Holzfassade. Die Festverglasung des Fensterbandes ermöglicht eine filigrane Gestaltung der Fassaden; nur schmale Fensteröffnungen ermöglichen den direkten Außenluftkontakt auf der Südseite.

Lichtdosierung und Blicklenkung bestimmen die Lage, Form und Größe der Öffnungen. Großzügige innere Perspektiven sollen eine Übersicht sowie eine vielschichtige Kommunikation der Räume untereinander erlauben. Auf der ersten Etage sind in einer Flucht liegend alle Wohn-, Arbeits- und Schlafräume mit Schiebewänden abtrennbar. Auf diese Weise ergibt sich eine innere Perspektive durch das ganze Gebäude. Eine doppelseitige Erschließung erlaubt unabhängigen Zugang zu jedem Raum.

Der vier Meter hohe Wohnraum durchquert das Volumen des Gebäudes vertikal in der Höhe sowie in der Tiefe und stellt Sichtkontakt mit der räumlich eingegrenzten Außenterrasse her.

Eine größtmögliche Variabilität der Nutzungen war wesentlicher Bestandteil des Entwurfsprogramms, um in Zukunft möglichst verschiedene Familien- und Nutzungskonzepte zu ermöglichen. Dem Haupt- und Obergeschoß können verschiedene Räume des Untergeschosses zugeordnet werden. Zwei unabhängige Eingänge erlauben sowohl die Nutzung durch eine größere als auch durch zwei kleinere Familien.

Einfahrt und Hof von Süden

Lageplan

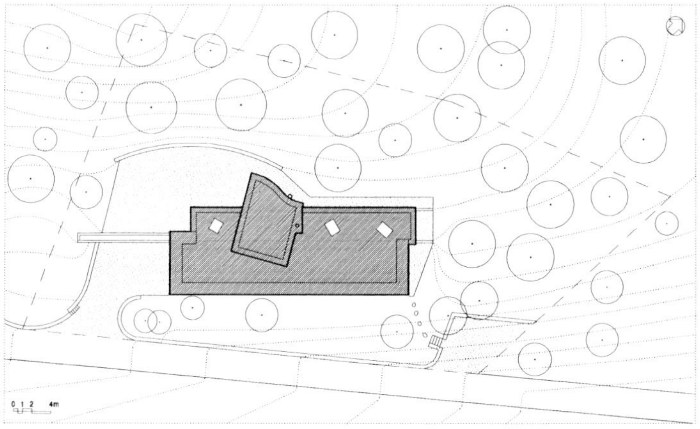

Eingangsseite

rechts:
Offene Ecke zur Gartenterrasse

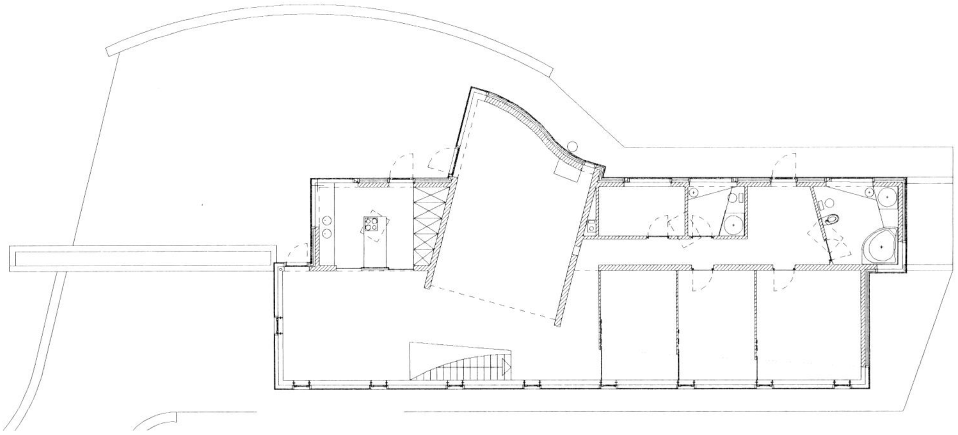

Obergeschoß

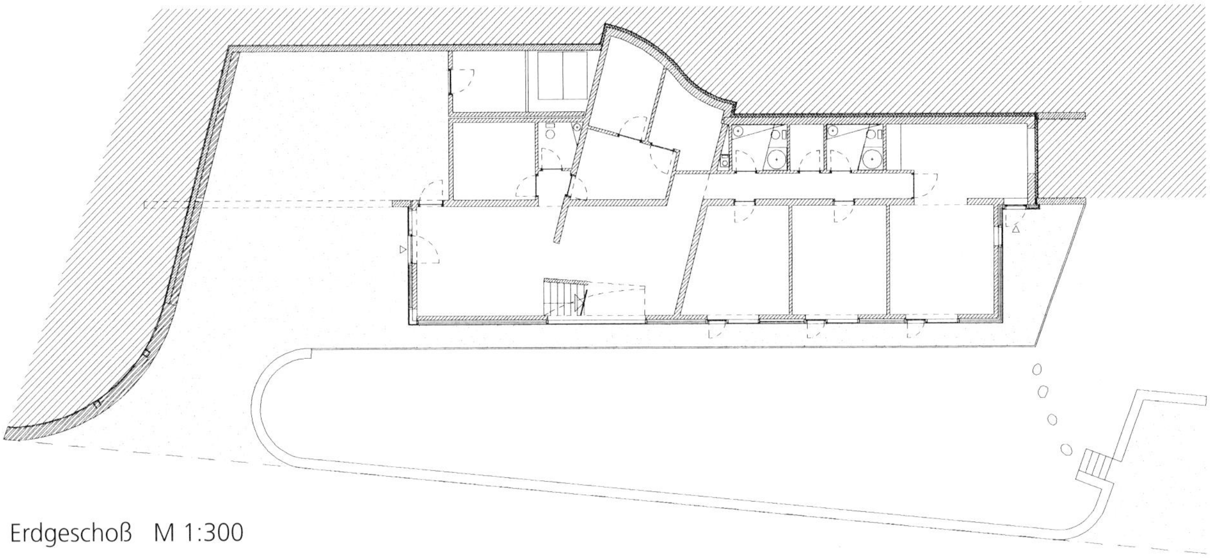

Erdgeschoß M 1:300

Seitlicher Ausblick

Wohnraum mit offener Ecke zur Gartenterrasse

Küche mit Hofausgang

Das offene Obergeschoß

Tragwerksplanung:
Gehl, Jacoby et Associés, Luxemburg
Haustechnik: Jean Schmit Engineering, Luxemburg
Landschaftsarchitekt: Peter Latz, Freising
Fertigstellung: 1994

Bildnachweis

Dirk Altenkirch, Karlsruhe, S. 80–85
Architekton/Dieter Leistner, Mainz, S.148–153
Beckenlaub & Hohm Bad König, S. 102–105
Fink + Jocher, Frantz-Loske, München, S. 2 oben, 28–31
Michael Gaenßler, München, S.76–79
Roland Halbe, Stuttgart, S. 119– 123
Angelo Kaunat, Graz, S. 72–75
A. Kiefer, Hamburg, S.124–129
Waltraud Krase, Frankfurt, S. 134–137, Schutzumschlag Mitte
René Lamb, Radolfszell, S. 8–13
Leske Fotografie, Stuttgart, S. 3, 119, 121, 123
Kai Loges, Stuttgart, S. 40–43, 98–101, Schutzumschlag unten
Andreas Mühlbauer, Ingolstadt, S. 44–47, 86–89
Klaus Ravenstein, Essen, S. 14–17
Christian Richters, Münster, S. 2 unten, 142–147
Lukas Roth, Köln, S. 2 Mitte, 154–159
Ute Schlierf, Klaus Sonnenmoser (U 8 Architekten), Tübingen, S. 36–39
Matthias Sieveke, München, S. 130–133, Schutzumschlag oben
Joachim Wehrle, Hamburg, S. 24–27
Sampo Widmann, München, S. 48–67